我的中国心

科学家的故事

廖慧文
周阳乐
——编著——

湖南人民出版社·长沙

目 录

黄 昆　　　　　　　　　　　　　　001
中国半导体"一代宗师"

> 我们衷心还是觉得，中国有我们和没有我们，
> makes a difference（截然不同）。

谢希德　　　　　　　　　　　　　025
我要振翅飞回祖国故园去奋斗

> 我觉得自己像一只大雁：在寒风萧瑟万木凋零的严冬，
> 不得不离开家园；如今春回大地，我要振翅飞回祖国故园。

沈绪榜　　　　　　　　　　　　　053
中国芯片计算机的开拓者

> 只有不断地拿出新成果，才会培养出新人才；
> 只有大力发展国产化，才会打破别人的封锁。

黄令仪 075
中国"龙芯之母"

> 就算匍匐在地,
> 我也要擦净祖国身上的耻辱。

吴德馨 095
德学双馨的半导体事业终身奋斗者

> 年轻人做事,应该有兴趣,
> 要热爱自己的事业。

胡伟武 115
誓把强国当己任,且让世界听龙吟

> 我们不一定要打破一个旧世界,
> 但一定要建设一个新世界。

中国半导体『一代宗师』

黄

昆

我的中国心：科学家的故事

>>> **黄　昆**（1919—2005）：浙江嘉兴人，世界著名物理学家、中国固体物理学和半导体物理学奠基人之一。1941年毕业于燕京大学，1948年获英国布里斯托大学博士学位，1955年当选为中国科学院学部委员（院士）。获英国圣母玛利亚大学理论物理弗雷曼奖、何梁何利基金科学与技术成就奖、陈嘉庚数理科学奖、国家最高科学技术奖。著有《固体物理学》《晶格动力学理论》等。

黄昆一贯强调德才兼备，以极大精力投入为国家培养科技人才的光荣事业中，堪称中国科学界的典范。

在我国半导体事业发展过程中，有这样一位重量级人物：他青年时期留学英国，与玻恩合著的《晶格动力学理论》至今仍是固体物理学领域的权威著作；新中国成立之后，他放弃国外的优渥条件，毅然回到祖国怀抱投身科研事业；在最年富力强的近30年时间里，他又一头扎到教学工作当中，为我国半导体事业培养出一大批科研人才；20世纪70年代后期，他终于重返科研一线，如凤凰涅槃般再次取得了令人瞩目的成就。

他就是中国"半导体之父""一代宗师"黄昆。

2005年7月6日,黄昆因肺部感染在北京逝世。2019年9月2日,"纪念黄昆先生诞辰100周年暨半导体学科发展研讨会"在北京西郊宾馆举行,著名科学家、黄昆的老友杨振宁先生亲临纪念会场献上悼词,而这也是黄昆一生的真实写照:

"黄方程,黄玻书,引领声子物理;律己严,诲人勤,堪称一代宗师。"

少年立志,物穷其理

1919年9月2日,黄昆出生于北京,父母都在银行工作。黄昆是家中最小的孩子,大姐黄宣,大哥黄燕,二哥黄宛,姐弟四人年龄依次相差一岁,手足情深。黄家姐弟四人名字都取自北京地名,黄昆取于"昆明湖",黄宛取于"宛平城",黄燕取于"燕山",黄宣取于"宣武"。良好的家庭氛围和母亲严肃认真的品格,对幼年时期的黄昆影响深刻。

黄昆先后在北京蒙养园、北京师大附小、

上海光华小学就读。在上海光华小学五年级还没读完，黄昆就随家迁回北京。黄昆的伯父黄子通当时在燕京大学哲学系任教授，因此黄昆暂住在伯父家中，并插班就读于燕京大学附中初中。

在燕京大学附中念书期间，伯父无意间的一番话对黄昆影响颇大。一次，黄子通见到黄昆放学后常无所事事，便问他课业是否完成。黄昆早已完成老师下发的数学作业，便称作业都完成了。黄子通马上说道："仅仅完成课业任务怎么可以？数学课本上的题目全部都要认真做完。"

黄昆听从伯父教诲，从此完成老师布置的作业后还会去做剩余的课本习题，并更加注重知识要点的融会贯通。从那以后，黄昆对学习的兴趣也愈发浓厚，数学成绩一路飞涨，其他学科的成绩也跟着提高。黄昆虽然仅在燕京大学附中念了半年，但一直保持着做习题的习惯，并且做题时喜欢研究自己的方法，这也为他日后做科学研究打下了善于独思的基础。

1937年，黄昆进入燕京大学物理系学习。大学期间，黄昆广泛涉猎，并醉心于研究创立不久的新学科——量子力学。他的毕业论文《海森堡和薛定谔量子力学理论的等价性》就是在自学的基础上完成的。

1941年秋，黄昆获得燕京大学学士学位，在葛庭燧介绍下，前往因战乱而在昆明组建的国立西南联合大学（以下简称西南联大）任助教。一年后，23岁的黄昆考取了西南联大物理系的研究生，师从"中国物理学之父"吴大猷。

战乱时期，西南联大条件异常艰苦。学生们只能在茅草屋里上课，遇到下雨天茅草屋还会漏水；一个宿舍有40余人，两人共用一张书桌。除了学习知识之外，西南联大的师生还要学会保命，每次遇到敌机轰炸，老师和学生就要搬到乡下，到防空洞里上课。当时西南联大的1000多名学生，几乎都是带着激愤在努力学习，不愿意浪费一分钟。身处国家生死存亡的关口，他们深深知道，自己就是祖国文明的"火种"，身负民族的希望。

当时的西南联大集中了清华、北大、南开三所高校的精英,名师云集、人才济济。一同就读于物理系的黄昆、杨振宁和张守廉是同班同学,三人形影不离,每天一起上课,下课后一起泡在茶馆讨论各种问题,晚上又住在同一间宿舍,被称为西南联大物理系"三剑客"。黄昆为人严谨,爱"较真",很多人坦言"有点怕他"。

为了搞清楚学术上的问题,黄昆经常与同

学"争论不休"。"有一次，熄灯上床后，辩论仍然没有停止。我们最后都从床上爬起来点亮蜡烛，翻着海森堡的《量子论的物理原理》来调解我们的辩论。"多年以后，杨振宁仍念念不忘他们的那段时光。辩论让他们共同进步，杨振宁说："我一生中最重要的一年，不是在美国做研究，而是和黄昆同住一舍的时光。"

雏凤清啼，世人瞩目

1945 年，黄昆作为"庚子赔款"公费生，赴英国深造。读完英国物理学家莫特的研究文章后，他对莫特非常敬佩，便跟随莫特学习新兴的物理学分支——现代固体物理学。几个月后，初出茅庐的黄昆就完成了题为《稀固溶体的 X 光漫散射》的论文，提出了关于杂质和缺陷 X 光的散射理论模型。这一理论在后来的实验中得到证实，国际上将其命名为"黄－漫散射"。

"庚子赔款"对黄昆的资助期限为 3 年。

完成博士论文后，黄昆利用剩下的一年，来到爱丁堡大学玻恩教授处做交流学者。玻恩是量子力学的创始人，也是晶体原子运动系统理论的开创者，在1954年获得诺贝尔物理学奖。他对这位既懂德语又熟悉晶格动力学理论的年轻人赞赏不已，并把自己的晶格动力学书稿框架交给了黄昆，希望与他合作完成。

黄昆在玻恩的基础上对书稿作了大量增补，以严谨的论述、清晰的物理图像对固体物理学最基本的领域进行了系统阐述，还通过一系列创造性工作完善和发展了这门学科的理论。1954年，《晶格动力学理论》一书由牛津大学出版社出版，成为该分支学科的基本理论著作，是世界上第一部晶格动力学的系统专著，被誉为固体物理学"圣经"。

玻恩在序言中写道："本书之最终形式和撰写应基本上归功于黄昆博士。"他还曾在写给爱因斯坦的信中提道：书稿的内容完全超越了我的理论，我能懂得年轻的黄昆以我们两人的名义所写的东西就很满足了。

除了与玻恩合著《晶格动力学理论》外，在留学时期，黄昆还陆续完成不少开拓性的学术研究：一项是1950年与后来成为他妻子的里斯共同提出的"黄－里斯理论"；另一项是1951年提出了晶体中声子与电磁波的耦合振荡模式，并提出方程，其后被称为"黄方程"。

从1945年到1951年，在英国求学的日子

里，黄昆焕发出蓬勃的生命力，接连取得创新性的重大成果，推动了新分支学科的诞生，奠定了他在固体物理学领域中举足轻重的地位。

书生报国，鞠躬尽瘁

20世纪40年代末，黄昆在欧洲物理学界声名鹊起，而他却更关注如何回国，以及回国后能为祖国做些什么。他曾设想在中国组织成立一个真正独立的物理中心，而且觉得这比个人获得诺贝尔奖更有价值——他始终把献身国家科学事业看得比获得个人成就更重。

当时杨振宁在美国做科研，和黄昆保持着书信往来。在给杨振宁的信中，黄昆写道："我每看见Mott（莫特）一个人所有的influence，就有感想。真是所谓'万人敌'的人，他由早到晚没有一刻不是充分利用。""看国内如今糟乱的情形，回去研究自然受影响，一介书生又显然不足以挽于政局……我们如果在国外拖延目的只在逃避，就似乎有违良心。

我们衷心还是觉得，中国有我们和没有我们，makes a difference（截然不同）。"

1951年，黄昆收到了恩师饶毓泰的来信，邀请他到北大物理系担任教授。玻恩和同事们的一再热情挽留，也没有说动这个归乡心切的学子。和女友里斯告别后，黄昆抱着投身于新中国建设事业的满腔热忱回到中国。他感到中国要想发展科学，融入世界轨道并走上前沿，必须有莫特这样"万人敌"式的人物。

黄昆回国后，立即赴北京大学物理系任教，开始了长达26年的北京大学教学生涯，为新中国的固体物理和半导体物理教学奠定了坚实的基础。

1952年，黄昆的女友里斯告别家人，独自一人漂洋过海，来到北京和黄昆完婚，同时她还取了一个中文名字李爱扶。原籍英国的李爱扶，是位非常理想的英语口语老师，北大物理系人事部门曾有意让李爱扶到所里的英语口语班任职，黄昆却说："这样不好，至少要避嫌！"他断然拒绝了北大物理系的好意，只让李爱扶在北大做实验员，并且表示，李爱扶中文没讲流利之前，坚决不能给她发工资。

其实，李爱扶已与黄昆在英国做出了很大的科研成就，她就算是当物理系的普通教员，也是完全够资格的。但是对待自己和家人都十分严格的黄昆认为，李爱扶只在英国读了3年大学，只有做实验员才符合规定。

半导体晶体管的问世让黄昆看到这一新兴学科对中国建设的重要意义，他建议在北大物理系增加半导体的培养方向。不久后，这一提议被采纳。

1956年，我国第一个中长期科技规划提出，将发展半导体技术作为四项紧急措施之一。为加速半导体人才的培养，在黄昆和其他专家的建议下，当时的国家高等教育部决定，从1956年暑假起，将北京大学、复旦大学、南京大学、厦门大学和东北人民大学（现吉林大学）的有关教师、部分优秀学生集中到北京大学，创办"五校联合半导体专门化"。黄昆任教研室主任，谢希德任副主任。

1958年,"五校联合半导体专门化"完成历史任务,仅仅用了两年时间,就培养出200多名半导体方向毕业生。后来这些人在回校后,开始各自筹建半导体专业。中国半导体学科的教育事业,自此开始增速发展。

在北大担任教职时,黄昆十分重视教材质量。他认为,授课讲义对科学问题的讲解必须明确具体,基本概念和理论阐述必须确切。他在不断完善的讲义的基础上所著的《固体物理学》,以及与谢希德合著的《半导体物理学》,都是在前无蓝本的情况下自己编著的教科书。这两本教材透彻精辟,在很长的时间内都是国内固体物理、半导体物理专业学生及科研人员的案头必读书目。

除了从无到有编纂教材,黄昆授课也是一如既往地严谨细致。时至今日,当年北大物理系的很多学生对黄昆的讲课仍然印象深刻。

北大教授、中国科学院院士秦国刚曾在接受媒体采访时回忆说:"大家第一次在课堂上见到黄昆时,甚至还有一点失望,因为他是一位非常年轻的老师。怎么这么年轻的老师来教我们普通物理？因为这是一门非常重要的课。但是一堂课下来，我们就完全改变了看法，觉得这个老师绝对不是一般的年轻老师。他讲课的思路很生动，我现在很难用语言来表达，而且这个不是我一个人的感觉，几乎是我们整个年级近100个人共同的感觉，这个老师讲课太深入了。"

中国科学院院士王阳元是北大半导体专业的第一批学生。他说："入学时，第一课就是普通物理。黄昆先生讲课的特点是概念清晰、语言精练、逻辑严密，当时我们听课都是一种享受。"后来与黄昆熟悉之后，王阳元才知道，他讲1小时的课，常常需要花10小时来进行备课。

黄昆的备课内容细致到在黑板上怎么写，哪部分内容写在哪儿，字要写多大，擦的时候哪些要擦掉、哪些不要擦掉，都会提前构思好。也是因为在备课上花了大量时间，黄昆经常工作到深夜。

正是因为黄昆对待授课无比严谨，所以他的课受到学生们的热烈追捧，甚至"火"出了北大校园。据院士夏建白回忆，当时是在北大一个大教室上课，除了北大学生以外，还有物理研究所的工作人员、清华大学的学生来旁听，整个教室都坐满了，由此可见，黄昆的课非常吸引人。

对学生，黄昆也是格外严格。有一位研究生在博士论文中将自己的工作在学术上的意义吹得过高，黄昆毫不留情地指出其问题，并要他的导师加强对学生的教育。在审查研究生论文时，黄昆也极为认真，往往会不留情面地写上自己的批评意见。虽然很少给人写推荐信，但如果要写，他都自己动笔，所写意见实事求是，从不含夸大之词。

黄昆在评价一个人时，从不以这个人与自己的关系亲疏为依据。连同事朱邦芬都会打趣地这样评价黄昆：和他的关系越密切，往往"吃亏"越大。如此严谨与严格，黄昆得到的却是同事与学生更多的尊重，并成为他们的榜样。

20世纪50年代初，黄昆的科学研究正处于第一个高峰期，他的导师、合作伙伴后来都获得了诺贝尔奖，他的好友杨振宁也于1957年获得诺贝尔物理学奖。凭着黄昆的资质和努力，如果他继续留在国外做科研，是很有希望获得诺贝尔奖的。甚至连他的学生私下都会讨论：黄昆老师当时完全放弃研究工作，全力投入教学是否合算？但黄昆并不在意这些个人的得失。他总是说，在中国培养一支科技队伍的重要性，远远超过个人在学术上的成就。

黄昆在教学期间，培养出首批半导体专业毕业生，为国家半导体事业输送了大量人才。他的学生秦国刚、甘子钊、夏建白等后来都当选为中国科学院院士，有些学生成了前沿学科的带头人，还有部分学生参与到"两弹一星"的研究工作当中：可谓桃李满天下。

凤凰涅槃，壮心不已

"文化大革命"开始后，黄昆倾注大量心

血的教学工作被迫停止了,他被安排在北京郊区生产半导体器件,这种工作不是他的兴趣,也不是他的专长。有时候,黄昆还会被邀请去中国科学院半导体研究所讲课,半导体研究所的反响非常好。邓小平后来也知道了这个事情。

1975年,邓小平在一次讲话中提道:"有位老科学家,搞半导体的,北京大学叫他改行教别的,他不会,科学院半导体所请他作学术报告,反映很好。他说这是业余研究的。这种用非所学的人是大量的,应当发挥他们的作用,不然对国家是最大的浪费。他是学部委员、全国知名的人,就这么个遭遇。为什么不叫他搞本行?北大不用他,可以调到半导体所当所长,给他配党委书记,配后勤人员。"

这里,邓小平所指的这位"老科学家"就是黄昆。可惜的是,由于"四人帮"从中作梗,这件事最终不了了之。直到1977年,邓小平点将,才让当时已经快60岁的黄昆担任了中国科学院半导体研究所所长。

调到半导体研究所后,黄昆每周花费半天

的时间给全所科研人员讲解半导体物理基础理论，并组织全所进行学术交流。在他的主持下，半导体研究所的半导体超晶格研究在世界上占据了一席之地。

在国际物理界沉寂了近30年后，黄昆终于重新开始了他所热爱的科研工作。在自己擅长的领域，他如鱼得水。1980年至1990年间，他接连发表了多篇极具分量的论文。

1985年，黄昆与朱邦芬合作推出了"黄-朱模型"，提出并发展了关于半导体超晶格光学振动的理论，解决了20多年来科学界在超晶格领域存在的疑难问题，在国际物理界引起了极大的关注。这个新的以"黄"姓命名的理论模型出现时，已很少有人知道这位"黄昆"就是30多年前与玻恩等大师泰斗同时代、共合作的那位"黄昆"了。

国际著名固体物理学家、德国马克斯·普朗克协会固体物理研究所前所长卡多纳曾这样描述黄昆："他好比现代的凤凰涅槃，从灰烬中飞起，又成为世界领头的固体物理学家。"

纪念黄昆百年诞辰的研讨会上展示了一份独特的科学基金申请书。这份申请书于1986年由黄昆亲笔书写，项目名称为"固体能谱理论"，执行期是1987年至1989年，3年共申请经费2万元。这个只有2万元经费的项目格外高产：共计产出37篇期刊论文、1次国际会议特邀报告、5次全国会议特邀报告，"超晶格电子态理论"还获得中国科学院自然科学奖一等奖。

朱邦芬院士曾深情回忆道：黄昆先生这辈子就申请过这一次国家自然科学基金，他特别珍惜国家的钱，但花自己的钱却不太在乎。

与在科研上取得的巨大成就相比，黄昆为人谦虚，在生活上极其低调朴素。

黄昆的住所是一套建于1955年的70平方米小三居，地面是没有任何铺设的水泥砖。黄昆的学生虞丽生在回忆文章中提道：当年半导体研究所教研室的年轻教师林福亨得了肺结核，在北医三院动手术失败，生命垂危，是黄昆设法把他转到阜外医院重新手术，同时用自己写书的版税托人在英国买回特效药。林福亨总说，黄昆是他的救命恩人。

2001年，国家授予黄昆最高科学技术奖，奖金500万元。当得知中国科学院要推荐自己时，黄昆就明确拒绝。他说自己早年曾经做了一些工作，但自己岁数大了，不应该再把这样的最高荣誉授给他，应该考虑其他更合适的人。为此，他还亲笔给时任中国科学院半导体研究所所长郑厚植写了书面意见，说明了他的想法。所里向黄昆作了解释：推荐他申报国家最高科学技术奖是组织决定，是中国科学院的决定。尽管如此，黄昆依然采取不反对但也不支持的态度，甚至连组织材料和答辩都一概不参加。黄昆觉得，这个奖励太过沉重，他承受不起。他始终认为，自己只是一个普通的科学工作者，没有什么惊奇和神奇的地方。

按当时的规定，奖金中50万元属于个人，450万元用于支持科研工作。但黄昆直到去世也未动用该奖金，后来以其名义设立了"黄昆物理奖"基金会，用于奖励作出突出贡献的中国固体物理学和半导体物理学工作者。

2002年,黄昆被评为感动中国年度人物。颁奖词这样写道:"他一生都在科学的世界里探求真谛,一生都在默默地传递着知识的薪火,面对名利的起落,他处之淡然。他不仅以自己严谨和勤奋的科学态度在科学的领域里为人类的进步做出卓越的贡献,更以淡泊名利和率真的人生态度诠释了一个科学家的人格本质。"

2005年7月6日,黄昆因肺部感染在北京逝世。

"渡重洋,迎朝晖,心系祖国,傲视功名富贵如草芥;攀高峰,历磨难,志兴华夏,欣闻徒子徒孙尽栋梁。"

这是北京大学物理系师生在黄昆70华诞时赠送给他的一副对联,这38个字揽括了黄昆才华横溢、品质高洁的一生。

我要振翅飞回祖国故园去奋斗

谢希德

我的中国心：科学家的故事

谢希德（1921—2000）：福建泉州人，物理学家、教育家、社会活动家。1980年当选为中国科学院学部委员（院士），1983年任复旦大学校长，1988年当选为第三世界科学院院士。主要从事半导体物理和表面物理学方面的教学与研究。获何梁何利基金科学与技术进步奖。作品有《半导体物理学》（合著）、《固体物理学》（合编）等。

芯片之争是半导体技术之争，作为我国半导体物理学的开拓者之一、我国表面物理学的先驱者和奠基人之一，谢希德被称为"中国半导体之母"，中国芯片事业的"破冰人"。《半导体物理学》是我国半导体领域的第一本专著，亦是中国芯"破冰"的教科书。

我的中国心

"我觉得自己像一只大雁：在寒风萧瑟万木凋零的严冬，不得不离开家园；如今春回大地，我要振翅飞回祖国故园，去耕耘，去奋斗。"灯光，落在年轻的"谢希德"身上，她缓缓地说出了这段让人动容的台词。2021年3月14日，校园原创大师剧《谢希德》在复旦大学上演，这是向已故老校长谢希德100周年诞辰的温情献礼。

谢希德是中国半导体物理学科和表面物理学科的开创者之一和奠基人之一。在百废待兴的时代，她顽强地撑起了新中国半导体教学、研究、产业的半边天，为中国高等教育事业的发展、物理学科研机构的建立与发展、科教领域的国际交流和合作，以及物理学会工作作出突出贡献。而在这些振奋人心的成绩背后，是她终身与疾病斗争的坚韧，亦是一位科学家的拳拳爱国之心。

在战火中顽强成长

1921年3月19日，文化古城福建泉州，年轻的物理学家谢玉铭和妻子郭瑜瑾迎来了第一个孩子。这是个女孩，谢玉铭为她取名为希德，意为希言自然，德行正直。

谢希德四岁时，郭瑜瑾患上了伤寒病不幸过世。幼年丧母，父亲谢玉铭又正在美国芝加哥大学攻读物理博士学位，谢希德只能跟着祖母生活了一年。一年后，谢玉铭从海外学成归来，谢希德随后跟着在燕京大学物理系执教的父亲迁居北京。

七岁那年，父亲与燕京大学数学系毕业的张舜英结婚了。继母对谢希德十分关心，给了她久违的母爱。谢希德文静好思，喜欢待在父亲的书房内。父亲收藏的书籍涵盖多个学科领域。随着谢希德逐渐成长，那些书籍也成了她的宝贝，指引着她打开了一个丰富多彩的世界。

父亲每晚在书房工作到深夜，谢希德耳濡目染，在她的认知里，读书从来不是一种负担，而是一种乐趣。这影响了她一生。"万丈高楼平地起，儿时养成的学习习惯，对一个人的成长应该是有些作用的。"多年后，谢希德回忆自己的学习成长经历时如是说道。

谢希德念初中一年级时，谢玉铭到美国加州理工学院做研究，同豪斯顿合作，对氢原子光谱精细结构做了极准确的测定，对预言电磁辐射场起重要作用。这一成果后来被杨振宁称为"最接近诺贝尔物理学奖的成果"。父亲的成就让谢希德感到自豪。

谢希德天资聪颖、勤奋好学、善于反思，喜欢探索好的学习方法，经常总结挫折教训，在学校成绩一直名列前茅。尤其是数学、物理和英文课程成绩十分优异。

但她的求学之路并不平坦。

1937年7月7日,卢沟桥事变,日本发动全面侵华战争,打破了谢希德平静的校园和家庭生活。谢玉铭决定举家南下。他前往湖南长沙岳麓山脚下的湖南大学任教,而谢希德则跟着继母、外祖母来到武汉,入读武汉圣希理达女中。不久,南京沦陷,武汉告急。谢希德和继母、弟弟们移居长沙与父亲团聚,转入长沙的福湘女中读高三。

1938年夏天,谢希德参加了湖南大学的招生考试。当她正期待着崭新的大学生活时,从小身体瘦弱的她右腿股关节开始疼痛。此时,战争的硝烟滚滚而来。谢希德一家辗转来到贵阳,在这里,她确诊了骨关节结核。这是一种会导致疼痛和活动受限的疾病,当时还没有特效药。

她立刻住进医院养病,却不得安宁。贵阳时有空袭,她不得不被医护人员用担架抬着转移。一面被病痛折磨,一面因战火弥漫而担惊受怕,谢希德迷茫、孤独又急迫。但她却在这样的磋磨下，心志愈发坚定起来。哪怕只能躺着，她也手不释卷，用阅读对抗病痛。她说："读书是我最大的兴趣。读书可以使我忘掉病痛，使我的生活充实。读书是治我疾病的良方。"

"在我卧床的四年中，光阴似乎从我身边悄悄溜走，但事实上并非如此。我深知'一寸光阴一寸金'的道理，十分珍惜分分秒秒。"谢希德每天读书看报，还啃下了不少英文书籍，英文水平有了很大的提高。同时，她坚持"超前学习"，自学数学和物理，这让她在读大学时感到十分轻松。

经过了漫长且艰苦的复健之后，谢希德终于可以站起来了。她马上参加了大学招生考试，被浙江大学物理系录取。可是父亲打算搬去福建长汀，因不放心她一个人在浙江大学读书，坚持让她报考厦门大学。

当时，为了躲避战火，厦门大学内迁至地处闽、粤、赣交界的山城长汀。于是，她随着家人辗转来到福建，又考入了厦门大学。考了三次大学，三次被录取，但是直到这时候，她才真正开始大学生活。

"自强！自强！学海何洋洋！……"厦门大学铿锵有力的校歌激励着学生们在不时的空袭和艰苦的生活条件下依然坚持努力学习。每天五点半起床，上午上课，下午做实验，这就是谢希德大学生活的全部，几乎没有什么休息的时间。

1946年，谢希德即将从厦门大学毕业。与谢希德常年保持书信往来的世交曹天钦在前往英国留学前来到长汀与她见面。两个年轻人早已心意相通，便定下婚约。

毕业后，谢希德来到上海沪江大学数理系任助教。当时抗日战争已经结束，但内战的炮火即将点燃，通货膨胀严重，谢希德的家庭经济已经比较拮据。谢玉铭决定只身前往菲律宾谋职，安顿好后再接家人同往。却没想到当时形势变化极快，这一别，一家人再无团聚的机会。

在沪江大学工作时，谢希德萌生了出国深造的想法。通过父亲学生的帮助，她被美国史密斯学院录取了。除免收学费之外，史密斯学院还为她提供了助教职位以维持生活。

1947年8月10日，谢希德挥别继母和弟弟们，登上"梅格斯将军号"，离开灾难深重的祖国，远涉重洋求学，独自面对未知的未来。

一个声音引领着她：中国需要科学

史密斯学院位于美国东北部马萨诸塞州的小城市北安普敦。这是一所环境幽雅、实力较强的学院，以培养本科生为主，部分系科兼收少量研究生。

在史密斯学院留学的两年中，由于学习刻苦，兼有导师的精心指导，谢希德进步很快。1949年夏，论文《关于碳氢化合物吸收光谱中氢键信息的分析》通过专家答辩，谢希德获得了硕士学位。

史密斯学院不培养博士，热爱学术、一心想继续深造的谢希德瞄准了麻省理工学院。这是一所在世界上享有盛誉的大学，是学术的天堂，入学要求和毕业标准都十分高。幸运的是，谢希德成绩优异，麻省理工学院接受了她的申请，还免去了全部的学费。与此同时，谢希德申请了史密斯学院为校友们提供的奖学金。就这样，谢希德得以在这所世界一流大学深造。

在麻省理工学院，谢希德在莫尔斯和阿里斯两位教授指导下进行研究。莫尔斯教授是当代著名的物理学家、运筹学领域的开拓者。不到3年的读博时光里，谢希德在名师的点拨下，集中精力从事高压状态氢的阻光性的理论研究，写成论文《高度压缩下氢原子的波函数》，于1951年秋获得美国麻省理工学院的博士学位证书。与此同时，她也在国际物理界崭露头角。

在攻读博士学位期间，谢希德通过继母和弟弟们的来信得知了祖国的许多消息。新中国成立了，国内一切欣欣向荣，令人振奋。一些留学生也陆续归国，为国家建设出力。家人希望谢希德和未婚夫曹天钦也能回国。

手握家书，谢希德心潮澎湃，在国内生活与学习的记忆在脑海中浮现：生养我的祖国啊，现在是什么样了呢？若是和家人团聚，那会有多幸福呢！

但是，谢希德也明白，新中国刚刚成立，教学科研和物质条件肯定不如美国优越，回国后也许还会遇到难以预料的情况……年幼时，父亲就常常对她说："中国需要科学。"这句话印在她的心底。对家人的思念、对祖国的爱，让谢希德陷入了纠结。

此时，谢玉铭得知女儿有回国的想法，特地从菲律宾来信劝阻。作为科学家，他再明白不过了：就个人的发展而言，在国外可能更有可见、可靠的美好前程。但隔着重洋遥望着祖国，谢希德慢慢下定了决心：回国！

"在迎接祖国新生的岁月里，自己出国求学，没有做什么工作。现在祖国建设急需大批人才，我却留在国外，还是没有作什么贡献，这怎么说得过去呢？回国参加新中国的建设，这应该是自己义不容辞的责任，不能再等了。"

新中国的成立，让曹天钦也决定回国。本来曹天钦已准备前往美国哈佛大学，到著名的蛋白质物理化学专家的实验室工作，这样就能和谢希德团聚。但一封热情洋溢的邀请信漂洋过海送到曹天钦手中，促使他也下定决心回国。

按照约定，曹天钦会先到美国与谢希德完婚，然后一起回国。可没想到此时朝鲜战争爆发，中国人民志愿军抗美援朝，奔赴朝鲜战场。

1951年下半年，美国政府宣布，凡在美国攻读理工科的中国留学生一律不能回国。回国之路突然被阻，谢希德与曹天钦都有点不知所措。但他们没有就此放弃。经过一番考量，他们决定"曲线回国"：先由谢希德申请去英国，然后再回国。但当时英国正处在战后萧条期，限制外国人入境。几经申请，谢希德获得了能在英国短期停留的签证，并以前往英国与未婚夫完婚的理由离开了美国。

到了英国，这对聚少离多的恋人终于在一起了。在相隔重洋的日子里，他们相互思念，几乎每天都要写信。他们终于走入了甜蜜的婚姻。在度完蜜月后，他们按照计划，准备回国。

1952年8月，他们告别剑桥，坐船经香港、深圳、广州，再北上上海。

满目荒凉和贫瘠让谢希德、曹天钦心头感到沉重。一种责任感油然而生：中华民族何时才能复兴？祖国何时才能强盛？他们，在祖国最需要的时候回来了；他们，一定要用自己的双手去建设祖国。

列车抵达上海火车站时，正是1952年10月1日——新中国的第4个国庆节日。看到成千上万庆祝国庆的游行市民兴高采烈，他们也怀着兴奋激动的心情，一起迎接充满希望的明天。

新中国成立以来第一位女性大学校长

从北京回到上海，谢希德和曹天钦很快就落实了工作单位。曹天钦在中国科学院生理生化研究所任副研究员，参与筹建实验室并展开对肌肉蛋白质、胶原蛋白质、神经系统蛋白质等项目的研究工作。谢希德到复旦大学执教。

1952年11月上旬，夫妇俩踏上北去的列车，探望谢希德的继母、弟弟们以及曹天钦的父母后，便投入了为新中国科学事业培育人才的工作。

当时，复旦大学面临师资缺乏、课程难以安排等诸多困难。谢希德欣然挑起了基础课教学的重担，并努力使教学与科研相结合。1954年，她与方俊鑫等人负责筹建固体物理教研室。经过不懈努力，复旦大学于1955年开设了固体物理专门化（专业）。1956年5月中旬，谢希德和曹天钦在同一天加入了中国共产党。

正在此时，为了攻下半导体这门现代科学技术的"珠峰"，一场艰难且重大的科学攻关战即将打响。

为了培养半导体专门人才，教育部将北京大学、复旦大学、东北人民大学、南京大学和厦门大学五校的有关教师和部分优秀学生集中到北京大学，开办我国第一个半导体专门化培训班，由黄昆任主任，谢希德任副主任。

当时，谢希德才生产5个月。但她放下襁褓中的孩子，毅然北上。在北京，黄昆和谢希德一起筹划合编的《半导体物理学》一书，于1958年秋天出版。这本我国半导体学科的奠基之作，以讲解精辟、透彻著称，系统地阐述了正在迅速发展的半导体物理学科的基本物理现象和理论，成为我国很长一段时间内半导体物理专业学生和研究人员必读的标准教材，并在全球科学界受到了一定重视。

五校联合的培训班走出了200多名学生。这批人才为我国的物理事业作出了极大的贡献。黄昆、谢希德等领导的联合半导体专门化，在我国半导体事业发展中具有里程碑的意义。此外，谢希德与方俊鑫合编的《固体物理学》也成为当时国内最为流行的固体物理教科书。

1958年，谢希德回到复旦，参与建设复旦的半导体物理教研室。谢希德的学生鲍敏杭回忆，谢希德为教研组的教学建设、科研建设和人才培养花费了大量的心血。教研室形成了完善的教学计划，有了系统的教材，建立了固体能谱的专业研究方向和设备相当完善的实验室，为此她所花的精力是难以想象的。她的身体一直不是很好，经常感冒。记得那时她经常是早上到医务室看病拿药，然后再到办公室上班。

1966年，正当我国胜利完成经济调整的任务，克服了国民经济发展中的种种严重困难，开始执行第三个五年计划的时候，"文化大革命"开始了。政治运动不断，形势动荡，正常的教学活动都被禁止了，谢希德还一度被软禁在学校，参加"室内劳动改造"。而就在此时，谢希德被诊断出了乳腺癌，遭受着精神和肉体的双重折磨。

1969年底，谢希德被送去农村劳动，1970年回到学校，在校办工厂磨硅片。但她没有因为打压而一蹶不振，依然以一个科学家的认真严谨的态度、以一个知识分子的韧劲对待所有工作。磨硅片她也能和别人磨得不一样：她不仅改进了磨片和抛光的工艺，还举一反三，从而提高了半导体元件的质量。

1976年，十年浩劫结束，光阴不再。是去痛惜岁月吗？不，谢希德要往前看、往前赶！"无论多么困难，我都要顽强地活下去，因为祖国和人民需要我。"她从失落与病痛中走了出来。病情刚一稳定，她就拖着病体到处搜集新资料、买新书，并紧锣密鼓地将新书中有关国外半导体物理和集成电路方面的资料精选出来编成新的讲义。

谢希德了解到，国外半导体基础理论领域已转向对半导体表面的研究。于是她开始编写新的半导体讲义，又结合教学编写了《半导体集成电路的物理基础》,介绍国际半导体研究的最新发展动态,为研究生补上相关的基础课。

1979年,谢希德组织半导体教研组同事将这本讲义改编为半导体物理学讲义,在复旦试用近20年之后,由钱佑华和徐至中两位教授修订补充成《半导体物理》一书。

身患癌症的谢希德,在工作和生活中都似乎已经忘了自己是个病人。在痛苦的化疗、放疗中,她还夜以继日地阅读学术资料,指导学生进行研究,解答教师们的疑惑……对于疾病,她抱有一颗平常心;对于工作,她争分夺秒,攻坚克难。就这样,她顽强地活了下来。

1977年,全国自然科学学科规划会议召开,谢希德以令人信服的材料,提出了填补我国表面科学空白、及时发展表面科学的合理建议。出席会议后,她建立了8个研究室,组织学术报告会30多次,将国内的物理研究再次推向新的高度。

谢希德在复旦大学发展表面物理研究的同时,还常到中国科学院上海技术物理研究所介绍相关科学技术的最新发展情况,指导当时可能开展的学术领域的研究。

1982年,美国著名物理学家科恩教授来华讲学,回国后十分钦佩地说:"谢希德教授作了明智的选择,在复旦大学开展表面物理研究,并在短时间内达到世界水平。"

1985年8月,红外物理开放实验室依托中国科学院上海技术物理研究所物理研究室设立,并于1989年成为国家重点实验室。谢希德一直担任该实验室学术委员会委员。任职期间,她坚持参加每一届每一次学术委员会会议,从不因自己工作繁忙、年老体弱或者位尊权重而缺席,并始终以普通委员的身份与其他科学家一起,商讨实验室存在的问题和改进途径。

中国科学院上海技术物理研究所的工作人员回忆谢希德时说:"她言传身教,给人启迪和鼓励,让人口服心服,也让人咋舌,不敢丝毫懈怠。她对红外物理实验室有深厚的感情,始终与实验室同呼吸,为它的成果欢愉,为破格重用杰出青年人才而奔走呼号,并为他们中一些人的流失而叹息。"

1983年，62岁的谢希德被任命为复旦大学校长——这是新中国成立以来第一位女性大学校长，掌声在会堂里经久不息。接过这项重担，谢希德的每一天排得更满了。

在一次演讲中，她以校友赠送的电子周波钟为话题，号召大家珍惜时间：钟，嘀嗒嘀嗒，永不停息。敦促我们要像钟那样，在改革中不断前进！钟，记录着流逝的岁月，希望我们珍惜宝贵的时光，为自己谱写无愧于时代的履历；钟，总是每秒每分，那么严密，那么准确，激励着我们养成良好的学风和严谨的科学态度。我相信，校友们赠送母校的电子钟，对我们大家今后的学习和工作，将是一种很好的鼓励和鞭策。

谢希德为复旦大学带来了一股自由开放的民主之风，她大胆改革，增设学院，将复旦变为一所优秀的综合性大学。谢希德支持成立的复旦大学技术科学学院，聚集了电子工程、计算机科学、应用力学、光源科学、材料科学等一批新兴的学科。她还科学地预见了管理学对国家经济发展的重要性，力排众议，将管理学科与文科、理科、技术学科同列为学校建设的学科。

校长办公室原副主任蒋培玉回忆，有一阵子，是上海有史以来少见的热天，谢希德校长仍然几乎每天都要从家中赶到学校，对学校发展规划做出大的修改。她还起草给党中央领导的建议稿，谈及自己对办好重点大学的设想。

她认为一所好的大学，要有党的坚强领导，要有健全权威的校级领导班子，才能调动广大师生的积极性；要有较强的师资队伍，要有较好条件的实验室，学生进校后才能得到较好的培养；学科门类要比较齐全，理论基础要比较深厚，才具有开发新学科和边缘学科的能力，才能为"四个现代化"建设作出较大的贡献。

学校的方方面面，谢希德都努力兼顾。她深知，大学最重要的，是人文主义精神。所以，在通勤时，她和职工一起乘坐校车，听他们聊工作上的困惑与心声。她在学生眼中是位平易近人的师长,在校园里,学生会拦住她反映问题。

作为女性,她对女学生特别照顾。当时复旦物理系的女生特别少,每次新生入学时,谢希德都会召开座谈会,听听女生们的意见,并鼓励她们:"女性同样能成为如居里夫人一样杰出的科学家,我们应努力为之……"

1992年8月,第21届国际半导体物理会议在北京召开,中外专家500余人出席了大会,报送论文近1000篇。谢希德荣任本届会议主席。国际半导体物理会议是全球半导体物理学科中最具权威的大型会议之一,每两年一届轮流在各国举行,各个国家都将主办这一会议作为本国学术界的荣誉和显示自身学术水平的好机会。

经过我国半导体物理学界的共同努力,我国终于成为本届会议的承办国。这样的半导体物理大型国际会议,也是第一次在亚洲发展中国家召开。谢希德在会议开幕式上说,这次会议为我国半导体物理学界提供了一个直接接触国际科技前沿领域的良机,并将对我国半导体学科的发展以及青年人才的培养，起到很好的推动作用。

而在忙碌的工作之外，谢希德也从始至终保留了对生活的热爱。从少女时代开始，她就热爱集邮，小小的邮票，是她认识世界的启蒙教材。在国内，生活终于安定下来之后，这项爱好又重新被拾起了。当复旦大学集邮协会成立时，她就应邀担任名誉会长。她还向同学建议将集邮协会改为集邮学会，以促使同学们增长更多的知识。她不仅是集邮学会的大力支持者，还是集邮学会的积极参与者。

除此之外，谢希德还很喜欢收集各国的小纪念品、画像和模型。由于学术交流和外事往来，谢希德和曹天钦的足迹遍布全球，他们每到一个国家，都会收集具有当地特色的玩偶，卧室和书房都成了玩偶的"乐园"。

谢希德还十分喜欢古典音乐和弹钢琴，家中收藏了许多经典曲目的卡带，她钟情贝多芬的第五交响曲《命运》、肖邦的《波兰舞曲》，还有莫扎特、施特劳斯等人的交响乐和圆舞曲。

吃饭时，谢希德总要放上音乐；工作间隙，偶尔也会用音乐来放松心情。有时，家里来了客人，大家聊得尽兴了，她还会戴上老花镜弹奏一曲。

她和家人的日常也充满了温馨，常常带着孩子一起整理相册、玩游戏、讲故事，为心爱的孙女织毛衣……尽管谢希德总是忙于工作，但在儿子曹惟正的眼里，"妈妈就是妈妈，是个很温柔的妈妈"。在她病痛缠身时，家里和办公室里也依然常常充满欢声笑语。她说："我喜欢多色彩的生活。"

1998年，谢希德的病情逐渐恶化。在住院期间，她唯一的要求就是要有电话、能够接通便携电脑。她每天依然接发很多电子邮件，处理很多事务。"一次我去探望时，她还在考虑对教育改革的建议。"时任校长办公室秘书的王增藩回忆道，"在她看来，人活到60岁已经很满足了，之后每一天都是赚来的，更应珍惜时间为社会和国家作点贡献。"

1999年12月，上海的严冬，谢希德陷入了昏迷。当她恢复清醒时，她对秘书说："我这一生没有留下什么产业，就是有一笔15万元的奖金，全部都给表面物理研究室作研究基金。"2000年3月4日，与癌症斗争了34年的谢希德溘然长逝，她在遗嘱中写道："将我的遗体捐献给中国医疗事业。"

谢希德逝世时，由官方发布的《谢希德同志生平》很好地概括了她的成就：谢希德"是我国在半导体物理学方面的开拓者之一，又是我国表面物理学的先驱者和奠基人，是我国在国际上这些学科的代表人物"。

"我以我们这一代科学家对社会责任的真诚实践，留给青年一代一个最有价值的思考，那就是在科学技术迅猛发展的今天，科学家的社会责任是什么？怎样丰富自己的社会形象？反过来看，社会又为科学家这个独特的社会群体提供了什么样的现实要求和发展条件？"她曾撰文留下的几个问题，依然在向一代代青年提问，引发青年思考。

而谢希德一生的实践，为回答这"三问"，

提供了一个了不起的答案。复旦大学恒隆物理楼二楼，她使用过的办公室保存了下来。斑驳的木椅、泛黄的日历、尘封的打字机……仿佛她依旧躬耕在教育一线，教导着我们如何立德、立功、立言。

沈绪榜

中国芯片计算机的开拓者

我的中国心：科学家的故事

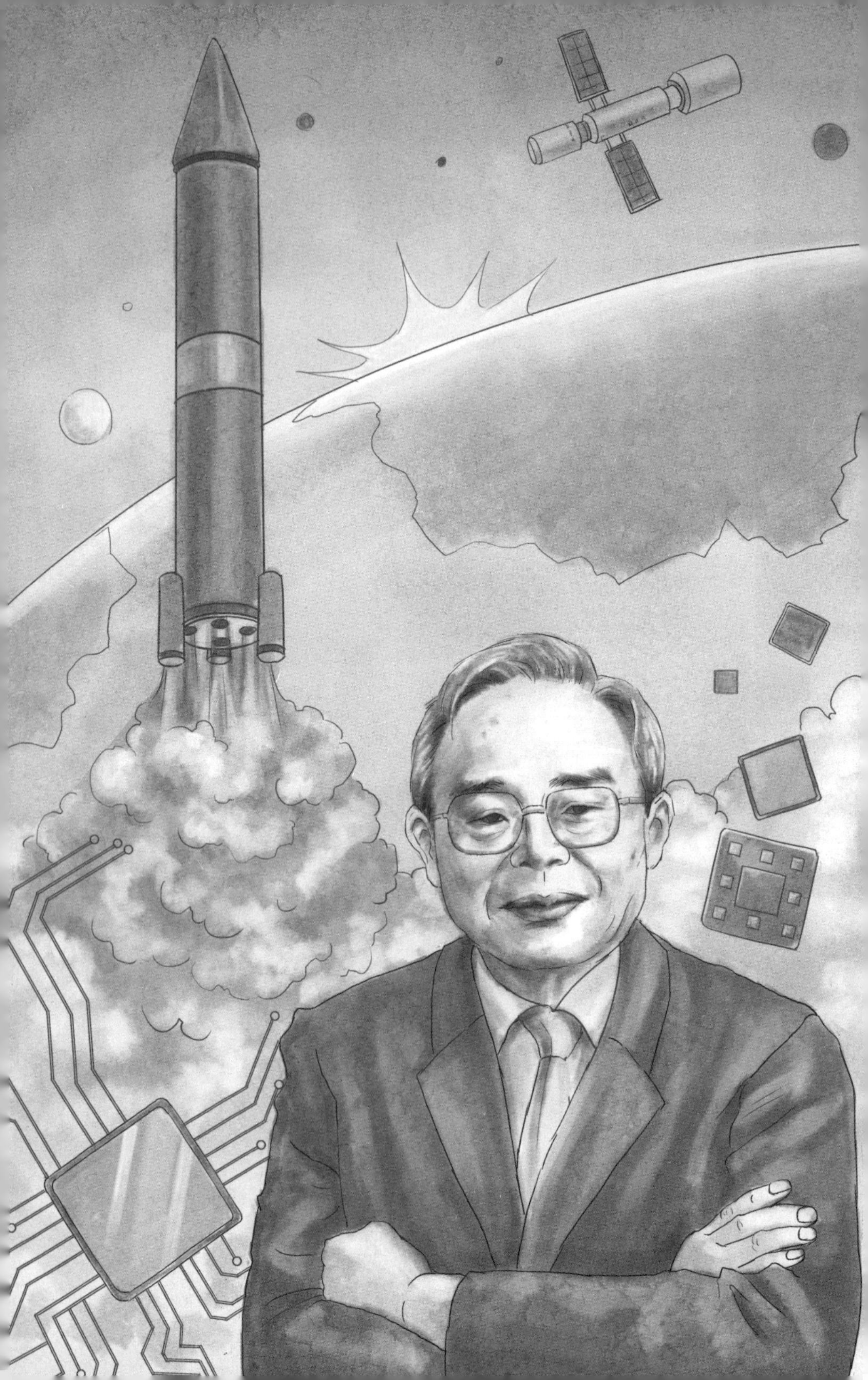

>>> **沈绪榜**（1933—2024）：湖南临澧人，我国芯片计算机技术研究的开拓者和倡导者，国家级有突出贡献专家。1957年毕业于北京大学。1997年当选为中国科学院院士。先后设计我国第一台小规模和中规模集成电路箭载计算机，主持研制出国产芯片大规模集成电路16位微型计算机。获得国家科学技术进步奖特等奖1次、三等奖3次，2016年获CCF终身成就奖。

沈绪榜始终坚持走自力更生、创新发展国产化芯片计算机道路，为实现自主可控的计算机技术发展奉献了毕生精力。

超级计算机计算速度的快慢，主要取决于其核心——芯片技术。

中国的超算速度已名列世界前茅。之所以能取得今天的成就，我们要感谢一位执着的自主创新者，他就是计算机设计专家、中国芯片计算机的开拓者和倡导者、中国科学院院士沈绪榜。

追寻最早的国产CPU芯片研制历史，一个里程碑式的节点应该是沈绪榜院士1977年主持研制的国产芯片大规模集成电路（VLSI）16位微型计算机。该计算机的芯片在设计时，是从电路逻辑、制造工艺和整机系统方面通盘考虑的，并且是在航天771所生产线上完成的。

从2001年开始，作为国内研究CPU架构的开先河者，沈绪榜院士先后被邀请参加了"龙芯"、中星微、银河、天河等CPU芯片和计算机项目的鉴定，并担任鉴定会主席。这批芯片距他1977年研制第一款国产CPU芯片已有二十多年。

意气少年

1933年1月10日，沈绪榜出生于湖南省临澧县。沈绪榜年幼多病，小学的学习基本上是时学时停。小学毕业后，沈绪榜考入离家较远的临澧县立初级中学。当时，沈绪榜可不算一个"优等生"，他对学习不太关心，在校成绩一般。但他的兴趣爱好广泛，喜欢阅读课外读物。

1950年9月1日，湖南澧阳平原的暑热还未彻底消退，沈绪榜身着白衬衣、理着板寸头走进了澧县一中的校园，开始了他的高中生活。

在高中，班主任常常跟学生讲范仲淹、陶澍等先贤立志报国的故事，让年少的沈绪榜热血沸腾。经历过国家危难时刻的沈绪榜发下宏愿，要做国家的栋梁，为中国的现代化出力。

于是，沈绪榜的学习激情被点燃了，再加上当时的数学老师杨老师教学很有方法，沈绪榜对数学产生了浓厚的兴趣。沈绪榜的学习成绩遥遥领先，9大学科门门优秀，数学成绩尤为突出。

沉浸在高中数学世界里，他感到不满足，也深知人力计算的有限，于是向杨老师提问："用笔计算，浩瀚的数字去乘以浩瀚的数字，当然可以计算出来。但那竖式就不是一张纸一摞纸可以包含的了。有没有一种先进的设备，按钮一按，得数立马出来呢？"听了这话，杨老师没有笑他异想天开，反而鼓励道："几十年后，发明这种设备的就是你啊！"

1953年，沈绪榜被武汉大学数学系录取。

杨老师送他上了开往长沙的轮船。他在长沙领取了国家支持他赴武汉的路费。多年以后，回忆年少的求学之路，沈绪榜依然深深感谢老师与政府的关怀与照顾，让身为普通农家子弟的他能走进高等学府，见识浩瀚的知识世界。

数学系是沈绪榜的心之所向。大学期间，他打牢学习基础，成绩依然拔尖。老师们都很喜欢这个勤学善思的少年。沈绪榜性格爽朗，很有组织能力，在同学中有威望。大一，他担任了团支部组织委员，大二与大三成了数学系学生会主席。

1956年，沈绪榜加入了中国共产党。同年，在中国科学院的要求下，北京大学数学力学系设立了计算机专业，开始研制电子计算机，并从全国部分高校抽调一批优秀学生来学习这门新兴学科。武汉大学数学系需选派一人，经过校方认真筛选，正在读大三的沈绪榜被选中了。

在北京大学的一年，是沈绪榜求知的关键一年。在北京大学，沈绪榜有幸见到知名数学家华罗庚。华罗庚告诫他们，要掌握"把书念薄"

的学习方法，对待科学研究要具有锲而不舍的精神。华罗庚的教导，成了沈绪榜一生从事科学研究工作的箴言。他培养了独立思考、自己动手解决问题的能力，从此坚定地走上了为我国计算机事业献身的人生之路。

1957年，沈绪榜从北京大学毕业。随后，被分配到中国科学院计算技术研究所，开始了科学研究生涯。

而刚巧，就是在这一年的10月4日，苏联的第一颗人造卫星飞向了浩渺的太空，由此开创了人类探索宇宙空间的新纪元。沈绪榜从广播里听到这一消息时，霎时感到热血沸腾、心潮澎湃，对卫星充满美好的遐想，对探索未知有了更深的渴望。

1959年，沈绪榜考取了留苏博士研究生。后因中苏关系恶化，他学完俄语后，仍回所工作，参加我国首批通用电子管计算机与晶体管计算机的逻辑设计。

但在苏期间，他刻苦学习阅读了俄文版《火箭技术导论》一书，对火箭技术知识产生了浓厚兴趣。得益于这本书，他后来创新性地提出将计算机用于运载火箭控制系统自动化测试。

当时，学习资料十分匮乏，沈绪榜把仅有的资料读了又读，掌握了通用数字计算机的设计原理。当时他想到，如果将机器的指令与数据都放在同一存储器中的体系改为指令与数据分开存放的体系，就能明显地提高访问存储器的效率，提升计算机的性能。

多年以后，他在阅读计算机英文文献时才知道，这就是哈佛体系结构。就是在这种有限的条件下，沈绪榜始终追求和探索计算机世界的奥秘。

矢志不渝，为一颗"中国芯"

二十世纪五六十年代，面对严峻的国际形势，我国组织实施"两弹一星"工程。1965年，中国科学院156工程处（即西安微电子技术研究所）成立了。沈绪榜被调入并担任箭载数字计算机设计组组长，负责火箭专用计算机的方案设计、逻辑设计等工作。中国芯片计算机技术发展正是在"两弹一星"战略任务的牵引下起步的。

20世纪60年代中期，箭载计算机用户单位对数字计算机不熟悉，除了能提出可靠性、体积和质量等环境要求指标外，提不出机器字长、运算速度和存储容量等性能指标，任务书中只有计算公式、计算时间与当量表示的计算精度等内容。因此，他们就只能通过仿真计算来求出数字箭载计算机的字长、存储容量与运算速度等基本指标。当时工作条件有限，很多工作都需要手工来完成，大量数据只能靠穿孔纸带输入，实际运算一次很不容易。

终于，我国第一台自主设计的双极小规模集成电路箭载数字计算机的模样机"156计算机"问世了，但受微电子技术条件的限制，这台机器体积、质量与可靠性还满足不了使用要求。

为了让国产芯片箭载计算机按期交付使用，沈绪榜不畏困难，充分发挥自己的技术优势，在计算机设计上用多倍位长计算缩短机器字长的方法减小机器规模，提出了一种独创的增量计算机体系结构，使机器字长缩短了1/3，实现了机器小型化。

此外，他通过引入比例因子去掉了乘、除法指令，解决了多倍位长计算带来的运算速度较慢问题。但经过试运算，计算精度却依然满足不了使用要求。机器根本不能用！他非常着急，与兄弟所的崔鑫水在机房里没日没夜试算了两三个月，终于找到了误差大的原因，并由此提出一种多重积分误差校正新方法，重新设计了应用程序。

1971年9月10日，这种箭载数字计算机参加了我国远程弹道导弹的首飞试验，一举获得成功。奋斗了六个春秋，沈绪榜和他的团队终于向祖国交出了一份合格的答卷，受到了周恩来总理的表扬。

但沈绪榜总觉得，导弹控制系统的测试设备功能有些不完善，无法测试到控制系统的各个部分。他想到，只有用箭载计算机来测试控制系统，才能实现测试的自动化。他的想法很快就传到了主持这次试验的钱学森那里。沈绪榜向钱学森详细地汇报了用箭载计算机对控制系统进行测试的方案和多个测试项目的测试方法等构想。

听完汇报后，钱学森当即决定将这个测试任务转交给沈绪榜完成，要求他尽快拿出改进方案来。沈绪榜立即投入了新的攻坚战。他以箭载计算机为中心，配上辅助设备来完成对导弹控制系统的综合测试。火箭的测试项目多，如何设计测试程序以减少对存储器的容量要求，是当时的主要难题。

为此，他对同事们设计的测试程序提出了软件优化方案。他压缩了测试程序量，达到了他设计的容量指标，让这一测试方案获得了成功。这一方案的实施开启了我国导弹与运载火箭控制系统用数字计算机自动化测试新阶段。

沈绪榜及其团队的科研成果至今仍是中国航天计算机和集成电路开发研制的重要基础。这些开创性工作，为后续"长征"系列运载火箭的发展提供了重要的技术支持和理论支撑。

1974年，沈绪榜基于对MOS技术发展方向的认识，提出研制中国芯片16位微计算机的构想。在团队共同努力下，他们在1977年研制出中国第一台16位专用微计算机——LS77-I型微计算机。这一成果成为中国计算机技术发展史上的重要里程碑，实现了从指令集到处理器芯片到整机的完整设计，促进了大规模集成电路的发展。

沈绪榜非常重视研究国外计算机技术发展

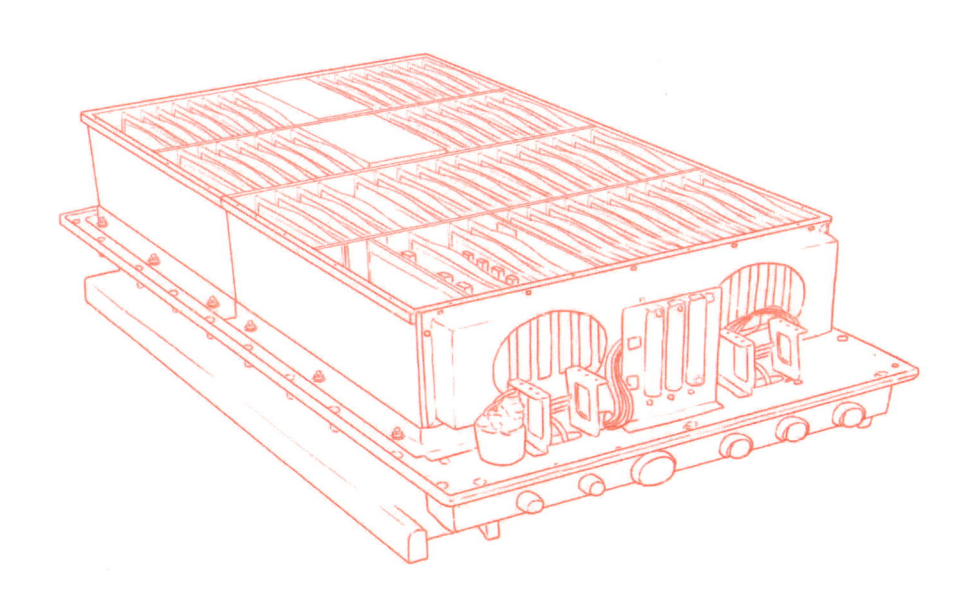

的新方法。1977年，沈绪榜作为电子部代表团的一员参加了在英国伯明翰举行的分布式计算机控制系统国际会议。这是他第一次有机会亲眼看到国外的科学研究情况。实验室的磁悬浮列车、大规模并行处理计算机等，都给他留下深刻印象。他更加确信计算机的设计工作要更加密切地与应用领域相结合。

1981年，他赴美国参观学习，来到了硅谷。硅谷位于美国加州北部，涵盖区域主要为旧金山以南到圣荷西的都市地带。这是一片充满创新和活力的科技圣地。看到硅谷的蓬勃发展，他深深地感受到一个国家科技发展与芯片技术发展之间的紧密关系。中国要成为世界强国，不能没有自己的"硅谷"。当时，为迅速缩短与先进国家的差距，我国已花费上百亿元，引进一些发达国家的生产线。这种引进是完全必要的。

不过，沈绪榜明白，代表最先进水平的芯片制造技术生产线是引不进来的。所以，我们国家一定要处理好引进和自力更生的关系。他清醒地认识到,"尽管从国外引进、移植现成的东西风险小,容易立竿见影和得到社会的承认,但是'猫不会教老虎上树',别人转让技术只是因为手里又有了更富有竞争力的新技术"。

只有自力更生、自主创新才是强国之本。沈绪榜认为,芯片技术的进步使计算机设计不只停留在逻辑设计层面,而应当进入到电路和版图设计层面。沈绪榜坚定了自主设计中国芯片计算机的决心和信心。

面对国外集成电路对国内市场的强大冲击和占领,沈绪榜研究了数字信号处理器(DSP)多种算法及其芯片设计技术,完成了16位阵

列乘法器、16位阵列乘法累加器等数字信号处理芯片的研制。

海湾战争后，计算机病毒问题引起了国家对军用芯片国产化的高度重视。

为了国防安全，沈绪榜承担了中国军用微处理器芯片的国防预研任务。他和他的博士生一起，在很短的时间内完成了 LS RISC 微处理器芯片的功能设计、逻辑设计和电路版图设计工作，分别于1995年和1997年成功研制了一种定点32位 RISC 微处理器 CMOS 芯片和一种浮点32位 RISC 微处理器 CMOS 芯片，使 CMOS 处理器芯片的集成度和计算精度上了一个新台阶。

随着芯片集成度提高与并行计算规模扩大，系统设计转移到芯片设计上来。

为了满足航天图像处理需要，沈绪榜采用64个 MPP 系统芯片，研制了具有4096（64×64）个处理元 PE 阵列的 MPP 计算机，使国产 CMOS 芯片设计从处理器芯片提升到系统级芯片设计阶段，实现了跨越式发展。

他的创新型工作，填补了多项国内技术空白，为实现自主可控的计算机技术发展和祖国的航天事业作出了突出贡献。

只有坚持走国产化发展之路，才能实现中国芯片计算机自行设计之梦。

沈绪榜认为，中国芯片计算机各方面都应该具有自主知识产权。只有这样，我们才能摆脱受制于人的局面。核心在手、技术可控，这就是他心目中坚定的中国计算机技术发展之路，也是他毕生的选择和坚持。

甘为人梯，培育新一代创新型人才

沈绪榜认为，系统芯片的设计将会像计算机应用一样，从"科学殿堂"走入"百姓人家"。为了说明芯片技术的重要性，沈绪榜开始著书立说，编著了院士科普书系的《工业发展的面包——芯片》，还出版了《数字信号处理计算机》《超大规模集成系统设计》等专著。1986年他被授予国家级有突出贡献的专家称号。

推进高水平科技自立自强，关键在人才。"人才高度就是事业高度"的人才理念，促使着沈绪榜在科研之余，将自己的部分精力投入到计算机人才的培养中。他多次撰文和呼吁在高校、研究所建立集成电路设计中心，培养相关人才。他不仅在所在的研究所里带领研究生承担国家的重要预研课题，而且还在一些重视芯片技术的高校担任教授与博士生导师。

他被西安科技大学、西北工业大学、北京工业大学等多所高校聘为教授，以严谨的治学态度培养出百余名研究生，为中国计算机技术和集成电路设计技术发展培育出了一支强大高效的高级人才队伍。在以北京大学、清华大学为代表的国内重点高校，以及华为、中兴等一流科技企业都能看到沈绪榜的学生在献策献力。

"20世纪80年代中国研制的第一台亿次巨型机比一个房间还要大，未来十几年，随着超级计算机技术突飞猛进的发展，千万亿次超算的体积可能只有方糖大小，这给年轻的科技人员留下了很大的发挥空间。超算面临的功耗等技术挑战有赖于年轻一代去解决，相信新一代超算人才有能力去解决这些问题。"他对年轻一代抱着很高的期望，常常鼓励他们去挑战和攻关新的科技难题。

1998年6月沈绪榜在北京参加两院院士大会，归来后，他作了一个题为"芯片技术的机遇与挑战"的学术报告。他大声疾呼：计算机系统设计者应转到芯片设计上来。我们的事业要发展，就必须抓紧培养和造就一批新生力量。我们这些老同志在培养人才的问题上，最重要的是传授经验，要有甘为人梯的精神。另外，计算机系统设计者，最应具有芯片设计能力，不能将芯片设计工作仍然看成是搞半导体集成电路设计者的事情。只有从芯片设计入手，才能真正走上小型化，才能适应发展的需要；只有不断地拿出新成果，才会培养出新人才；只有大力发展国产化，才会打破别人的封锁。

沈绪榜是不退休的。晚年，他依然从未停

歇地奔走于各大高校做学术交流、开展专题讲座。"要在一项专业领域内做出成绩，一定要深入了解这个专业领域内前人所做的事，站在巨人的肩上前进；科学态度一定得严谨，要使用创新思维以改变现状，不能用惯性思维根据现状下结论。"在讲座中，他一再鼓励学生们创新。

2016年，沈绪榜荣获了中国计算机学会颁发的CCF终身成就奖。

2024年8月16日，因病医治无效，沈绪榜院士在西安逝世。

"科技在发展，脚步不能停。"在漫长的科研之路中，他永远带着紧迫感前行。他指导的博士研究生和硕士研究生，许多人已经成为中国计算机领域的骨干力量，为国家的科技进步贡献着自己的智慧和力量。他的科学精神和崇高风范将继续激励一代又一代的科技工作者，他的名字将永远铭刻在中国计算机事业的历史丰碑上。

771所总工程师刘泽响曾参与沈绪榜主持

的课题，他回忆道："沈老师严谨治学、止于至善的大家风范，影响和激励着我十余载不懈前进，在平凡的科研岗位上，用自己的实际行动践行航天精神、拥抱梦想。"

中国『龙芯之母』

黄令仪

我的中国心：科学家的故事

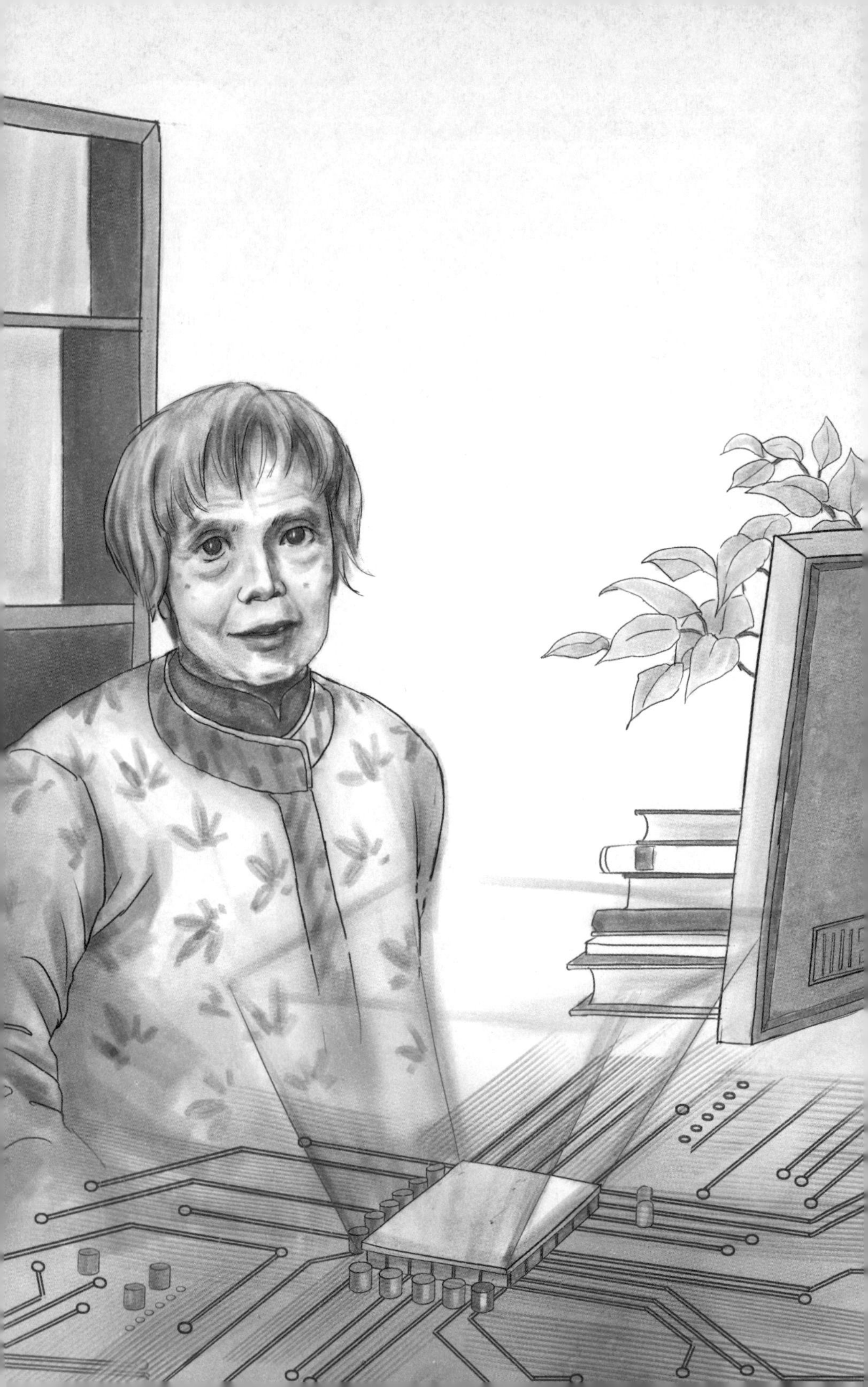

>>> **黄令仪**（1936—2023），广西南宁人，我国微电子领域元老级专家。毕业于华中工学院（今华中科技大学），并被推荐到清华大学半导体专业学习。参与创建了华中科技大学半导体专业，是"龙芯"芯片团队项目负责人之一。获CCF夏培肃奖、国家科学进步奖一等奖等。

从二极管、三极管、大规模集成电路，到中国自主研发设计的第一枚CPU芯片，黄令仪见证并参与了中国微电子行业从无到有的发展历程。

我的中国心

　　2023年7月1日，中国科学院大学举办2023年度毕业典礼暨学位授予仪式。在讲到不久前去世的黄令仪时，校长周琪不禁潸然泪下。他动情地说："为了尽快解决国家芯片'卡脖子'问题，她年近八十依然坚守在'龙芯'研发中心。她说，她这辈子最大的心愿是就算匍匐在地，也要擦净祖国身上的耻辱。每次想到这句话，我都泪流满面。"

　　黄令仪，中国"龙芯之母"。在长达半个多世纪的时间里，从半导体二极管到"龙芯"，都有她挥洒的青春和汗水。而直到如今，她的名字和故事才开始被更多人知晓。

生于战乱年代

1936年，黄令仪出生在广西南宁一个高知家庭，家中共有九个兄弟姐妹，她排行第三。她的父亲廖葛民毕业于北京师范大学生物系，是广西博物馆的创始人和首任馆长；母亲高亚丹毕业于北京大学化学系，是一名化学研究员，广西化学纤维研究所的元老。

出身书香门第的黄令仪应该有一个幸福的童年，然而，生逢战争频仍的年代，她从小就生活在战争的阴霾中。

1937年，为了躲避战火，还在襁褓中的她就被母亲抱着离开了家乡，跟着家人颠沛流离。幼年的黄令仪，见过不少人间悲剧：亲友的离散，同胞的死亡。在路上，她亲眼看到一个幼小的孩子在防空洞外被日军的飞机炸死。战乱、疾病、贫穷……在她的童年里如影随形，这也让她早早体味到人世的艰辛。

多年后，黄令仪回忆："记得小时候，日军的飞机经常跑到我们头顶上扫射或轰炸，我总是跟着父母东躲西藏,每天食不果腹,感觉能活着就已经是最大的幸运了。"当时,小小的黄令仪不解地问妈妈:"日本人为什么要来轰炸我们?"

"因为我们的国家太贫穷、太落后了。落后就要挨打!"妈妈叹息着。那么,如何才能不贫穷、不落后?在那时,黄令仪还没有答案。

虽然颠沛流离,但好在黄令仪的父母都是知识分子,能够给她启蒙,引导她学习。在父母的影响下,黄令仪从小就喜欢看理化类的书籍,她读书有疑惑时,父母总能给予耐心的点拨。这也为黄令仪学习理工学科打下了坚实的基础。

1949年,新中国成立了。当时,黄令仪正在桂林读中学。父母收入微薄,这时已拿不出钱来供她读书。要放下学业,早早参加工作吗?望着心爱的课本,黄令仪感到万般不舍。思考再三,她鼓起勇气,向学校的团委书记求助。得知黄令仪一向品学兼优,学校的团委书记也感到十分可惜，因此多次向上级汇报，并四处协调，帮助她免除了学费。"国家百废待兴，急需建设人才，你应该继续学习！"团委书记说。这让黄令仪十分感动，她一直没有忘记这位团委书记和其他帮助了她的人。她知道，这是国家给了她继续读书的机会，她要加倍珍惜。

高中毕业后，黄令仪考入了华中工学院。在大学里，她学习依旧十分刻苦，成绩名列前茅。1958年，黄令仪以优异的成绩毕业。随后，她得到了前往清华大学半导体专业进修的机会。

清华大学的半导体专业是我国为了发展科学事业开设的新专业，当时是第一届招生，广招各高校优秀毕业生。黄令仪一进清华大学，便加入了一个研究团队开始搞研究。她很快发现，这条路比她想象的还要难，自己还有很多东西需要学习。她是个不服输的性子，越是难，她就越钻越喜欢。那时候的每个晚上，她都泡在实验室里。

半导体是集成电路的基础，当时我国在

半导体行业属于入门级选手，以美国为首的西方各国将核心技术牢牢地把握在手中，这也让我国陷入了技术封锁之中。当时研发半导体的科研人员必须一切从零开始，如何突破、能否出成果，都是未知数。很多人都不看好这个项目。

在清华大学学习的那几年，黄令仪的专业知识更加丰富了，她认识到半导体事业对我国的重要作用，但是也深深地明白研发半导体的难度。选择这条路，就是选择了困难啊！更何况，能出成果吗？

"落后就要挨打"，母亲的话，在她耳边响起；那些炮火连天的日子，在她眼前浮现。祖国现在最需要什么？她思索着，坚定了自己的路：从半导体研究入手，用科学报国，为让国家不再贫穷落后，献出自己的力量！

从此，黄令仪与半导体结缘一生。

1960年，黄令仪进修结束，毅然放弃留在清华任教的机会，回到母校华中工学院，创办了半导体专业和实验室。当时国家一穷二白，整体科研力量还十分薄弱。加上半导体专业仍是一个新兴专业，没有成熟的实验设备可以引进。华中工学院的半导体专业实验室，迫切地需要黄令仪等人"从0到1"地搭建起来。

缺少人员、缺少仪器、缺少资金，就是在这样的创业条件下，黄令仪带着助手艰难攻关，凡事都亲力亲为，废寝忘食。只用了半年多时间，就研发出了半导体二极管。

初战告捷的黄令仪，这时却累病了。前来医院探望的同事们，都劝她以后少熬夜，不要成天泡在实验室里，得多活动身体。可她躺在病床上，却还在喃喃地说："我们的科技还很落后，心里着急啊！就算匍匐在地，我也要擦净祖国身上的耻辱，让欺我辱我者，再不敢小瞧中国！"

向科学进军

研制出二极管后，黄令仪又率领科研团队马不停蹄展开新的攻关。但当时我国正处于经济困难时期，因国家政策调整，学校的半导体专业不得不暂时停办。

得到消息，黄令仪十分震惊，她心急如焚，流着泪去请求学校领导："我们刚刚开了个好头，怎么能让它胎死腹中呢？国家要发展就离不开工业，而半导体就是工业未来的粮食啊！"

1962年，她服从分配，前往中国科学院计算技术研究所二室101组（固体电路组）工作。黄令仪总是能清楚地描述第一次走进实验室的样子："四壁徒墙，空空如也。只有一个身穿白大褂的小伙子蹲在电炉旁边，炉上有一个玻璃烧杯，里面是几块指甲盖大小的紫蓝色硅片，这就是当时要做的二极管。"那种简陋，实在令人印象深刻。这个小伙子就是1959年从美国归来的青年科学家黄敞。在黄敞的带领下，101组正在研究厚膜电阻译码器二极管矩阵（混合集成电路）及外延技术。

黄令仪被分配研制平面二极管、外延小功率开关三极管。虽然实验室的那种简陋令人印象深刻，但是这个科研团队是一个充满活力的集体，大家很有团队合作精神，相处愉快而融洽。她说："一切都很吸引人，开始埋头苦干。"

在这里，她参与了电路设计的理论研究。对于电路设计来说，设计单元、电路布置、构思布线、参数调整、全局规划等每一步都至关重要，一旦出现半点纰漏，整块电路都会损坏。但黄令仪考虑周详，设计的电路非常严谨、准确。

20世纪60年代，"两弹一星"战略武器的研发迫在眉睫。"两弹一星"要保证射程，就必须有箭载微型计算机作为"大脑"有效指挥。

1965年，为了突破"两弹一星"战略武器研发中的瓶颈，国家成立计算机所二部，专攻微型计算机和中功率三极管等项目，这是中国第一个芯片研究团队。在缺资料、缺设备、缺材料、缺人才的情况下，黄令仪呕心沥血，带领团队成功研制出中功率三极管，用于承担更高的电流及功率输出。他们常常每天工作13至14个小时，不断更换参数和版图设计进行试验试错。

黄令仪将那段时光称为"激情燃烧的日子"。

1966年8月，黄令仪等人研发出了156组件（集成电路）计算机，受到周恩来总理表扬。后来我国靠着这台微型计算机，把第一颗人造地球卫星送上了太空，成为世界上第五个拥有自主知识产权卫星的国家。

当在收音机里听到从"东方红一号"卫星上传回地球的《东方红》乐曲时，黄令仪团队都哭了。

虽然取得了了不起的成果，但黄令仪心里总有个隐忧：微型计算机中的很多零部件都是从国外买来的，国外一旦断供核心部件，我国就无法用新型计算机了，所以，我们必须研制出自己的"中国芯"才行。

黄令仪一边忧心忡忡地调整研究方向，一边不停地向上级建言。1973年，中国科学院启动了013大型通用计算机研制项目，并加强对芯片的研究。

当时，中国很难找到研究的参考资料，黄令仪和团队摸着石头过河，终于研制出性能稳定的存储器，并拿下了1978年全国科学大会重大成果奖。

此后，黄令仪带领的研发小组，又在1980年和1983年获得了国家科学进步奖一等奖、中国科学院科技成果二等奖。后来由于中国科学院经费紧张，大规模集成电路的研发被叫停。

1989年，黄令仪被公派前往美国一家公司进行技术合作。在美国期间，黄令仪见到了先进的芯片，但是却无法了解它们的核心技术。当时，加州办了一个国际芯片展览会，在成千上万的展览摊位中，黄令仪找不到一点中国芯片的影子。

琳琅满目非国货，黄令仪看得泪眼涟涟。"这是一生最大的刺激。"她叹息，"在20世纪60至70年代，我国的集成电路研究在某些方面甚至领先于世界，可一二十年过去，却已是天壤之别。"她下定决心：我们一定要设计出一块高水平的芯片来参加世界级的展览，让外界看到中国的科技崛起！

回国后，黄令仪潜心钻研各种集成电路（包

括交换机芯片、计算机控制芯片）的设计方法。经过数年努力，黄令仪终于取得了两项发明专利，为打造"中国芯"奠定了基础。

成就"龙芯"

2000年，黄令仪设计的芯片被推荐到德国纽伦堡国际发明专利博览会上参展，并获得了银奖，让中国在世界芯片领域中有了声名。那时，她是快乐的，兴奋地写下"十年耻痛今宵去，芳草天涯迷人还"。

因为缺少制造芯片的光刻机，中国依旧没有能力独立制造出属于自己的芯片。黄令仪清醒地认识到："芯片做出来了，没有用，锁在抽屉中，得了奖，又怎样？它只是一张纸！"

在座谈会上，黄令仪在前来视察的领导面前说出了肺腑之言："一个科技工作者最大的痛苦，就是她用心血灌溉的珍贵芯片做出来了，没有用！"

"好心同事曾说我：'你只会干活，不会说话。'"黄令仪说。但是，她不觉得这有什么不对："大家只想尽自己所能，带着国家的需要向前走。"

2001年，中国科学院向全国发出打造"中国芯"的集结令，并成立了"龙芯"实验室。"龙芯"要走一条没有人走过的路，设计工艺要求高，但国内人才极其稀缺。中国科学院想起了既有丰富研发经验又有国际视野的黄令仪，想让她挑起大梁。这时，黄令仪已经65岁，退休回到广西桂林养老了。一接到上级邀请，黄令仪没有以年龄大推托。她对这个实验室的成立感到非常高兴，立刻表态："看到我国芯片技术比国外落后那么多，我哪能安心养老？感谢你们看得起我这个老太太，我愿意为祖国的芯片研发贡献力量！"

2002年春节前夕，黄令仪带着4名研究生，毅然加入"龙芯"研发团队，还成了项目负责人。她总是充满紧迫感，对身边的人说："宇航级的芯片一直垄断在美国手里。我国必须通过首脑级别的外交，才能买到一些。但一些先进战机使用的芯片，你花多少钱，人家都不会卖……芯片已成为中国每年进口量最大的产品之一。而西方国家利用在芯片上的技术优势，一直遏制着我国的发展！大家不拼怎么行？时不我待！"

研制"龙芯"期间，人们经常能够看到一个满头白发的老人在实验室中看书、认真地调试设备。"她可谓'拼了老命'。"学生杨献动情地回忆，龙芯研发期间，黄令仪丝毫不顾及自己的年龄，每天都坚持到晚上10点半才下班。他们这些研究生在她的带动和影响下，也都是11点才走。遇到紧急情况，她会通宵处理问题,却心疼研究生们,让他们分三波轮班。以身作则,废寝忘食,她是所有科研人员的精神偶像。

研制"龙芯"是一份极其紧张的工作。巨大压力下,高龄的黄令仪脖子疼痛不已,医生告诉她,不能再用电脑了。

在黄令仪团队的不懈努力下,2002年8月10日,"login:"的字样终于出现在显示屏上,我国首款通用CPU"龙芯1号"研制成功。虽然性能上与国外先进水平还有一定差距,但真正结束了国产计算机无芯可用的历史。黄令仪完全沉浸在幸福之中。"不知怎的,脖子也不疼了。"

不久,她又率队研发出"龙芯2号"。这颗芯片的性能已经超过当时的国际平均水平,标志着中国在芯片领域又向前跨越了一大步。

"龙芯2号"芯片很快就被广泛应用到多个领域。2015年我国发射了首枚使用"龙芯"的北斗卫星。

2013年,黄令仪的妹妹廖荣蒂到北京看

望黄令仪,看到姐姐身体不好,便劝她回桂林休养。黄令仪却说:"我是国家的人,回不去啦。"

废寝忘食之下,黄令仪又带队研制出"龙芯3号"。2019年12月,83岁高龄的黄令仪再一次给国人带来喜讯,她主持的攻关项目取得重大突破,龙芯3A4000/3B4000系列工程机械处理器性能追上了美国AMD公司的挖掘机CPU水平,已经达到世界领先水平。

"龙芯"不仅每年至少为国家省下2万亿元的芯片支出费用,还让"复兴号"高铁实现了百分之百的国产化,让歼-20等先进军事

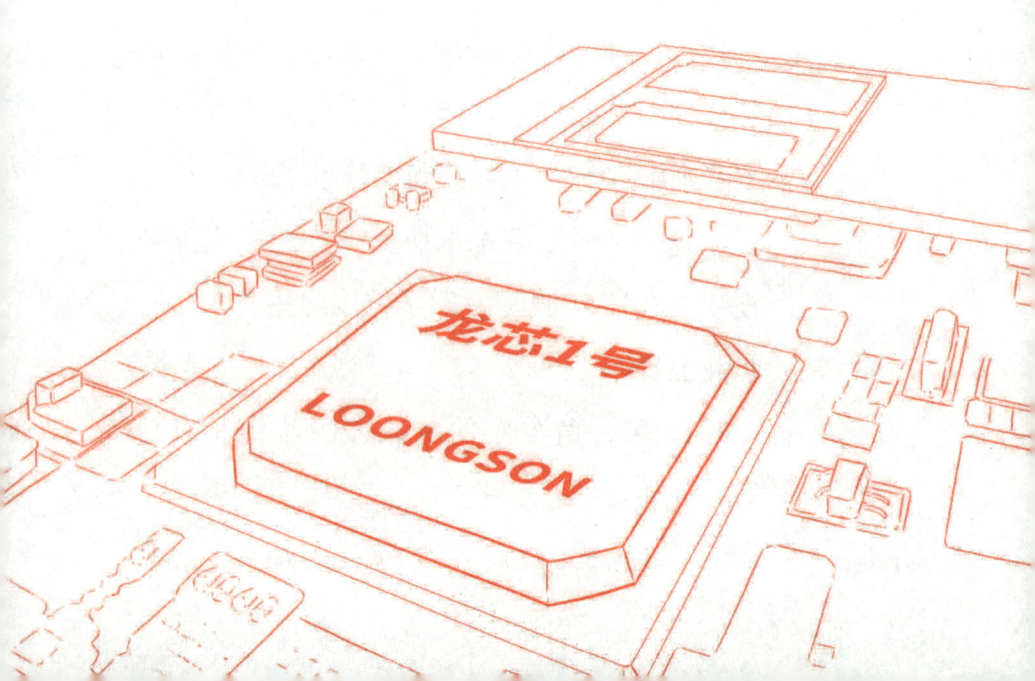

装备配套了相控阵雷达，换上了中国自己的"心脏"。北斗卫星也装上了"中国芯"，彻底打破了西方的技术封锁。

2020年，中国计算机学会给黄令仪颁发了CCF夏培肃奖。这个奖项由中国计算机学会颁发，授予在学术、工程、教育及产业等领域，为推动中国的计算机事业作出杰出贡献、取得突出成就的女性科技工作者。

颁奖词写道："黄令仪研究员在长达半个多世纪的时间里，一直在研发一线，参与了从分立器件、大规模集成电路，到通用龙芯CPU芯片的研发过程，为我国计算机核心器件的发展作出了突出贡献。"

获奖后，黄令仪依然带领着新一代的科学工作者，奔走在中国芯片事业最前线。晚年的黄令仪身形瘦削，留着银白短发，穿着朴素，行动有些迟缓。校园里人来人往，人们却很难将这位普通的老太太同高精尖的芯片联系起来。当这位老太太到了实验室，坐在电脑前拖着鼠标查看版图时，又目光犀利，思路清晰，展现出一名顶尖科学工作者的风范。

　　她工作到生命的最后一刻。2023年4月20日，黄令仪因病医治无效在北京与世长辞。

　　坚守于挫折之下，崛起于不屈之中。从踏入科研，黄令仪参与了从分立器件、大规模集成电路，再到"龙芯"芯片的研发等工作，为中国计算机核心器件的发展作出了突出的贡献。她始终保有家国情怀，不忘初心，争分夺秒地前进，八十多岁依然在科研一线，还带出了一大批学生。她用实际行动向世界证明了中国的科技力量，同时激励着后人努力学习，报效祖国。

德学双馨的半导体事业终身奋斗者

吴德馨

我的中国心：科学家的故事

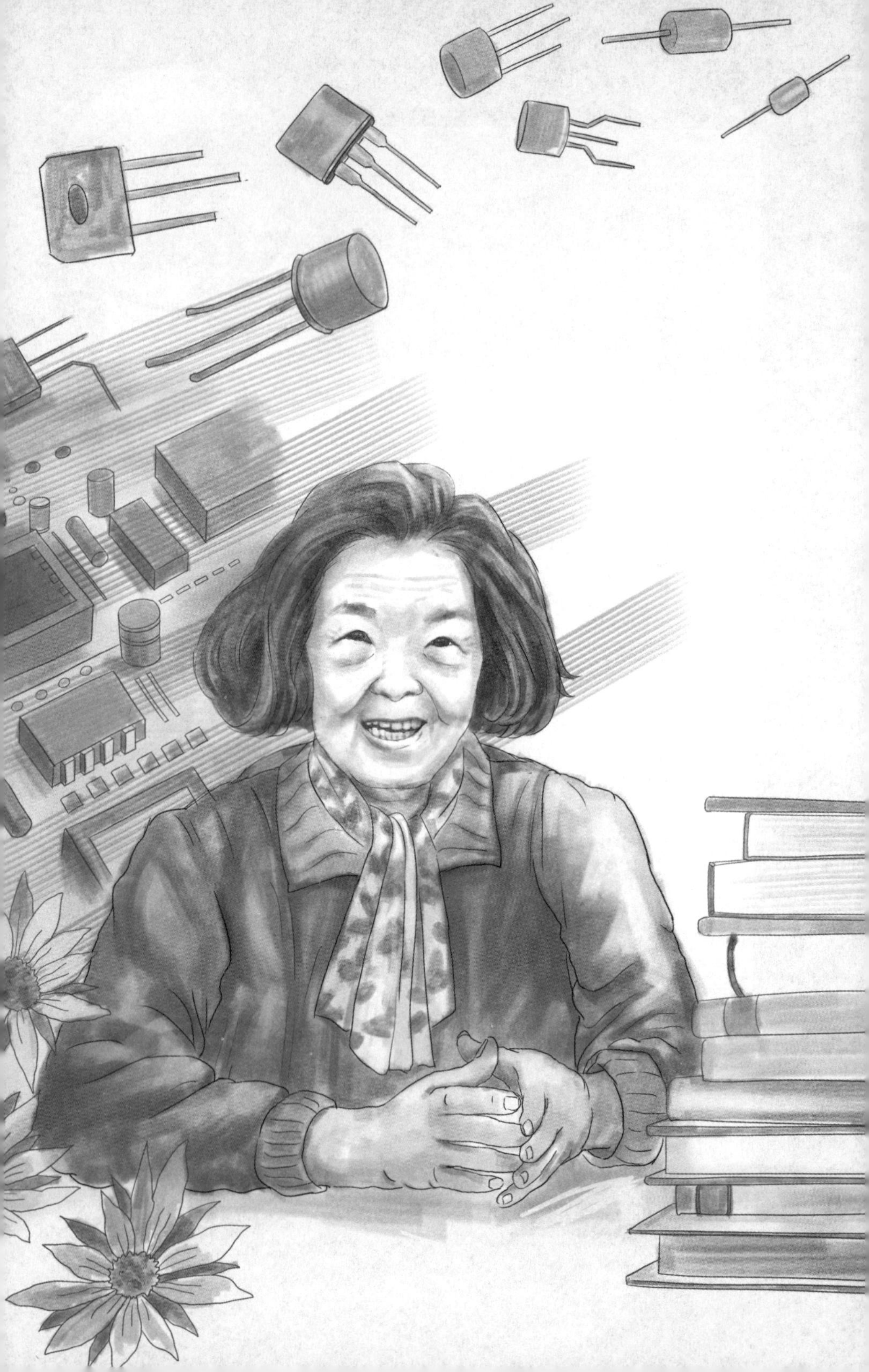

>>> **吴德馨**（1936— ）：河北乐亭人，半导体器件和集成电路专家，中国科学院学部委员（院士）。主要从事砷化镓微波集成电路和光电模块研究，对中国半导体晶体管和集成电路的发展作出了重要贡献。曾任中国科学院微电子中心第一届副主任，第二届、第三届主任，获全国三八红旗手、何梁何利基金科学与技术进步奖、国家科学技术进步奖二等奖等荣誉。

经历和见证了中国半导体事业的起步、发展和创新过程的她，迄今仍在国内半导体产业发光发热。

我的中国心

在中国科学院微电子研究所,经常可以看见一位年近九旬的科学家的身影。她的办公室墙上,挂着一幅写着"德学双馨"的书法作品。

名字如是,人生如是。她,叫吴德馨,"德学双馨"是她的人生座右铭,也是她能力和品质的真实写照。

半导体,充当着手机、电脑这些电子媒介的"心脏"。如果没有半导体,我们的生活将寸步难行。吴德馨,作为中国微电子技术的开拓者和领军人物,始终把为祖国半导体事业奉献力量作为奋斗目标和终生追求。60多年来,她扛着自主创新的大旗,栉风沐雨,坚定不移。

与半导体结缘

1936年12月20日,一个寒冷的冬日,在河北省一个历史悠久的县城——乐亭县,有一个名叫"吴德馨"的孩子带着父母的期望出生了。次年,吴德馨随全家迁至天津。

吴德馨的母亲思想开明,在其悉心教导下,吴德馨形成独立思考、行事果敢的性格。童年时期,她在学业上并未展现过人之处,成绩平平。随着年龄的增长,吴德馨对学习的态度愈发端正,并对数理化产生了浓厚兴趣。

高中毕业时,吴德馨以优异成绩考入清华大学,选择了无线电电子工程系,正式开启了半导体专业科班生的成长之路。

在大学期间,她接受了系统而深入的理论和实践教育,掌握了半导体材料、器件和电路的基本知识。

清华的学生,本就是高考中的佼佼者,而半导体专业所录取的学生更是从考进清华的学生当中"优中选优",分数几乎是所有专业中最高的。

吴德馨十分聪颖，在学术和业务上能够触类旁通，作业和科研都会通过自己查资料、动手实验做出来。更重要的是，她有责任心、不浮躁。

科学研究是漫长而艰苦的，遇到久攻不克的难题唯有沉下心。

在吴德馨看来，兴趣是工作的动力源泉。有时候晚上睡不着觉，她就会起身写写画画，想着第二天可以尝试什么解决方案。

她还多次鼓励后辈："年轻人做事，应该有兴趣，要热爱自己的事业。咱们微电子事业这么重要，而且发展那么快，里面有那么多值得钻研的东西。遇到某个很难的问题，把它解决了，就会觉得心里充满快乐，这是多少钱都买不到的。这才是人生呢！"

用一年时间做出国际上三年才完成的工作

1956年，国家编制《1956—1967年科学技术发展远景规划纲要（修正草案）》，这是新中国第一个长期科技发展规划，提出了当时国家新技术发展的四项"紧急措施"——大力发展计算机、无线电电子学、半导体、自动化，要求相关部门集中全国科技力量，进行人员培养和科技攻关。

中国科学院物理研究所半导体研究室就是在这个背景下成立的，到1960年，以研究室为基础，扩大为中国科学院半导体研究所。中国科学院半导体研究所是中国最早成立的从事半导体研究的机构，也是中国半导体事业的摇篮。

集结号已吹响，旌旗猎猎，战鼓催征。

年轻的人们斗志昂扬，奔赴祖国的科技攻关事业。吴德馨作为清华大学第一批半导体专业高才生，理所当然地加入了中国科学院半导体研究所。

那时候，全世界的半导体技术都刚刚兴起，老一辈科学家们也都看到了半导体的发展趋势。当时国家明确了半导体发展的几项任务，器件方面包括高频晶体管、高速开关晶体管、低反向电流二极管等。吴德馨来到半导体研究所领的第一个任务，就是研究硅平面型高速开关晶体管。

这是一种用于电子计算机和通信设备的重要器件，而中国还没有自主研制成功的样品。吴德馨勇担重任，作为主要负责人之一，带领团队克服了种种困难。

"一无资料，二无图纸"，全靠自己摸索研究，但他们还是提前完成了任务。

起步不晚，做的速度也不慢。1964年，吴德馨成功研制出硅平面型高速开关晶体管，并获得了国家新产品一等奖。

这是当时国际上最先进的晶体管技术，具有高速、高可靠性、低功耗等优点。这一成果打破了国外封锁，为我国开关晶体管的自给打下了基础。它广泛应用于计算机、通信、导弹等领域，是国防和国民经济的重要支撑。更加令人振奋的是，这个器件后来还用到了"两弹一星"用的计算机——109乙机上。

微电子这一高科技领域日新月异，唯有锲而不舍，金石方可镂。

紧跟时代步伐，吴德馨从来不敢懈怠。有了硅平面型高速开关晶体管的成功研发这个"开门红"，吴德馨铆足干劲，又开始了集成电路的研究。

集成电路是将许多个晶体管和其他元件集成在一小片半导体材料上。

20世纪60年代末期，吴德馨成功研究出介质隔离数字集成电路和高阻抗运算放大器模拟电路。这是当时国际上最新的集成电路技术，能够将更多的晶体管集成在一个芯片上，提高了电路的性能和可靠性，为中国集成电路的发展打开了新的空间。

就这样，从技术被封锁到反超国外，吴德馨的钻研领域一直在变化，学术成果不计其数，她总是一次又一次完成别人眼中不可能完成的任务，勇立半导体事业的潮头。

黄沙百战穿金甲,不破楼兰终不还

20世纪70年代末期,吴德馨又成功研制N沟MOS4K位动态随机存储器,在国内首先将正性胶光刻和干法刻蚀等技术用于大规模集成电路的研制,并进行了提高成品率的研究。她首先在国内突破了大规模集成电路(LSI)低下的局面。随后又相继研究成功16K位和64K位动态随机存储器。

对国内集成电路的发展,吴德馨一直很有自信。她说,国际上集成电路发展很快,我们的研究速度也很快,用一年时间做出了国际上三年才完成的工作。不过,国内的设备一直比较落后,所以生产面临挑战,成品率和性能相较于国外尚有差距。

改革开放后,吴德馨团队及时调整方向,转而专攻专用电路。20世纪80年代末期,自主研发出了3微米CMOSLSI全套工艺技术,用于专用电路的制造。从3微米,到2微米、1微米……吴德馨团队稳扎稳打,不断突破,直至1990年，独立自主研发出了全套的0.8微米CMOSLSI工艺技术，并应用于实用电路的开发。

苏联解体以后，国内外很多做砷化镓的军用、民用项目都停止了，但吴德馨觉得砷化镓是一个必然的趋势，它有很多优点，比如速度快、功率大、抗辐照等。于是，吴德馨决心研究开发以砷化镓为基底的化合物半导体器件、电路。

当时，吴德馨向中国科学院申请了40万块钱，准备大干一场。一盆冷水泼下来。没人愿意牵头做这个项目，都觉得没什么前途。无奈之下，吴德馨只能自己带着研究生做。现在看来，她的方向选对了。

手机功放器的生产需要砷化镓，民用这个大市场火了起来。也就从那时开始，她着手做化合物半导体材料和器件研究。

黄沙百战穿金甲，不破楼兰终不还。吴德馨团队研究出不少成果，做出了0.1微米砷化镓/铝镓砷异质结高迁移率场效应晶体管，截止频率达89GHz；研究成功了砷化镓/铟镓磷异质结双极晶体管（HBT），截止频率达92GHz；还在国内首先成功研制了全功能砷化镓/铟镓磷异质结双极晶体管10Gbps光纤通信光发射驱动电路等。

当吴德馨把化合物研究做出成绩后，她又把这一块移交给学生，自己继续奔赴下一个新的方向——光电集成。

光和电总是分不开的，光需要电来驱动，又需要电来探测，光电集成就是把电子和光子器件集成在一个芯片上。她利用微机电系统（MEMS）结构实现了激光器和光纤的无源耦合，成功做出了工作速度达2.5Gbps的光发射模块。

做光电集成得有光发射器件。面发射激光器以其二维集成的优势，成为数据中心和超级计算机内部光互联的理想选择，有望实现高密度光电集成。于是，她就把目标锁定为做垂直腔面发射激光器（VCSEL）。

吴德馨不仅在半导体器件和集成电路方面有着深厚的造诣，而且在半导体材料和工艺方面有着丰富的经验和创新的思想。她开发了双层多晶硅和差值氧化工艺，独创了检测腐蚀接触孔质量的露点法，还参与了"深亚微米结构器件和介观物理"项目的组织和实施，并担任首席科学家，为介观物理基础和新结构器件的进一步研究打下基础。

从晶体管器件，到集成电路存储器，再到化合物半导体器件与集成电路，最后到垂直腔面发射激光器，吴德馨院士的研究历程丰富而扎实，她用科研人生完美演绎了"活到老，研究到老"的朴实追求。

1991年，吴德馨临危受命担任中国科学院微电子中心主任。那时的微电子中心，负债累累，账面资金更是捉襟见肘，连一个月的工资都难以发出。然而，她并未退缩，携手全所同志，以坚定的信念和非凡的勇气，迎难而上，大胆推进改革，勇于创新实践，积极开辟新的科研与开发领域。在她的带领下，科研成果不断涌现，产品开发效益持续提升，微电子中心逐渐焕发出新的生机与活力，开创了前所未有的崭新局面。

誓言铮铮，初心如磐

"我要响应党的号召，关心国家命运，积极投入四个现代化建设中去。"

1979年1月，吴德馨在入党志愿书中一笔一画写下对党、对半导体事业的铮铮誓言。

关于如何保持科研的初心，吴德馨是这样说的："我们从小受共产党的教育，做科研就是为了国家为了人民，这种责任感促使我们，拿到任务就要全身心地投入，既然承担了就要有担当，就一定要做完，做到最好。"

无论她的科研重点如何转移，研究手段如何迭代，她始终坚持服务于国家的战略需要，服务于党和人民对半导体产业的发展需求。在超过半个世纪的时间里，她日夜求索、潜心笃志，所奉初心始终如一。

吴德馨也特别关心一线科研人员的生存

困境。即使在特别困难的情况下，吴德馨也竭尽全力解决广大科研人员的住房问题和待遇问题。

吴德馨院士虽然已经退休多年，但她仍然关注着半导体事业的发展。她不仅经常参加各种学术会议和活动，为国内半导体产业的发展建言献策；还经常到中国科学院微电子研究所进行指导和交流，与年轻的科研人员分享自己的经验和心得。

她鼓励他们要热爱本职工作、体会其中的乐趣，要勤于思考、扎扎实实做研究，要有高度的责任心、团队合作和互助精神，要在研究过程中有所突破，有所创新。

吴德馨在半导体领域的成就不仅得到了国内外同行的认可和赞誉，也得到了国家和社会的高度评价。她获得了国家科技进步奖二等奖、中国科学院科技成果一等奖、北京市科学技术一等奖、国家新产品一等奖等多项奖励。她还被授予了全国优秀科技工作者、全国三八红旗手、全国劳动模范、全国先进工作者等荣誉称号。

未出土时先有节，已到凌云仍虚心。尽管功成名遂，吴德馨依然不露圭角，朴实做人，踏实做事，不吹嘘成果，不炫耀奖励。她很少接受采访，却始终坚守在半导体事业的一线。

"我们的成果不是靠发多少论文、得多少奖励来判断的，而是要得到市场的认可。"吴德馨总说，做应用研究，不是发文章凑个数就行的。需要的是过硬的东西，能够通过市场检验、得到客户认可的东西。

披荆斩棘路，相濡以沫情

在吴德馨院士的科研生涯和人生道路上，有一位亲密的战友一直陪伴着她——她的丈夫王圩。

王圩是半导体光电子学专家，也是中国科学院院士。他们是清华大学无线电电子工程系的同班同学，也是中国科学院半导体研究所的同事。

他们在研究所里交流问题时开始接触和熟悉对方，相似的追求和共同的语言让他们彼此吸引，自然而然地相恋、相守，在工作上互相支持、互相配合，在生活上互相关心、互相照顾，在思想上互相理解、互相尊重，在情感上互相倾诉、互相温暖。

他们共同经历了半个多世纪的风雨，共同创造了一段传奇的爱情。

年轻的夫妻起早贪黑搞研究，加班加点，老人年纪大了不方便照看孩子，孩子不到一岁就送了全托。吴德馨忙的时候，王圩就负责照顾家里；王圩忙起来，吴德馨就打理家里的事，俩人相互理解和支持。吴德馨做存储器的时候，经常睡在实验室地板上，不回家，孩子都是王圩管。

有一年，王圩在日本做访问学者，吴德馨在109厂做引进的进口设备验收工作，自己带着两个孩子。她每天晚上9点多才能回家，两个孩子只能在外面小摊上买点吃的。如果加班回不了家，也没有电话通知孩子，孩子们就在大门口台阶上等。所以当那个项目验收通过时，全家抱在一起欢呼庆祝。

在研究上，夫妻俩有很多地方可以互相交流。在家里也经常聊工作，特别能说到一块去，像极了木棉与橡树的呼和。他们用一生的相守，诠释了什么是真正的爱情，也展现了爱情与事业相辅相成的美好关系。

在中国乃至全世界半导体行业中，吴德馨是当之无愧的女性先驱和榜样。她杰出的创新能力和吃苦耐劳的精神品格，证明了女性的潜能是无限的、女性的力量是不可低估的。她层层突破、不断进取的科研精神展现出中国女性科学家柔中带刚的坚韧力量。

2023年1月26日，王圩院士因病逝世，与吴德馨院士生死两别。

探索者的歌，永无休止符。

吴德馨在科学研究的道路上已跋涉了60余年。这是以国家的重大需求为目标，呕心沥血、忘我拼搏的60多年，是在自己最擅长的领域做出最好的成果,为提高我国半导体技术水平和国际地位做出不懈努力的 60 多年。

经历和见证了中国半导体事业起步、发展和创新过程的她,迄今仍在国内半导体产业发光发热。

誓把强国当己任，且让世界听龙吟

胡伟武

我的中国心：科学家的故事

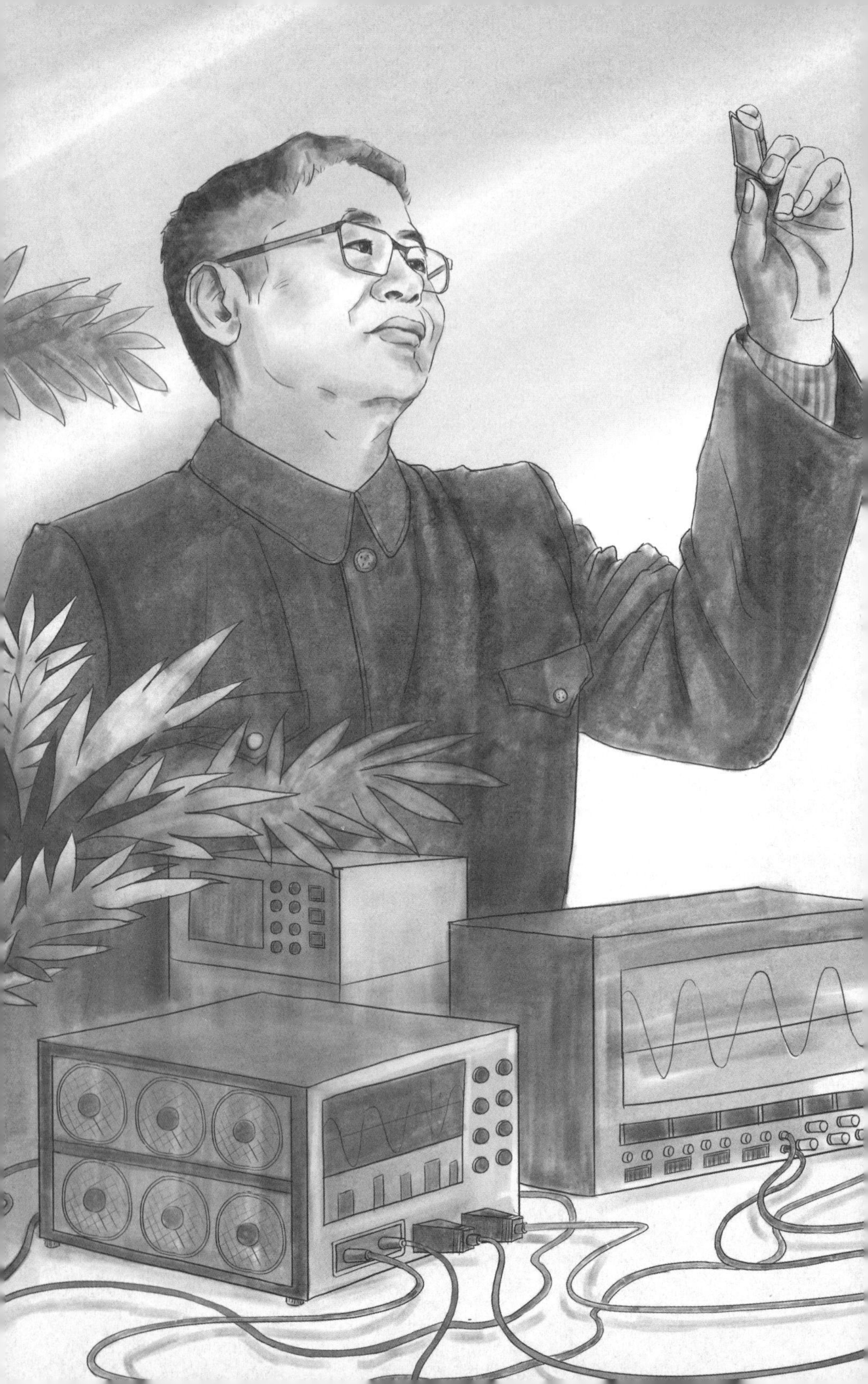

>>> **胡伟武**（1968— ）：浙江永康人，龙芯中科技术股份有限公司董事长，中国科学院计算技术研究所研究员，博士生导师。国家杰出青年科学基金获得者。

胡伟武率领团队成功研制出我国第一款自主研发的CPU"龙芯1号"，后又主持研制了"龙芯"系列芯片，实现了我国CPU关键核心技术的突破，终结了中国人只能依靠进口CPU制造计算机的历史。

我的中国心

　　2002年8月10日清晨6时8分，光线透过窗户洒进中国科学院计算技术研究所北楼105房间，一台安装了"龙芯1号"的计算机屏幕上出现"login:"字样，在场的人从屏住呼吸到欢欣雀跃、掌声雷动。

　　中国第一枚通用CPU"龙芯1号"诞生了！中国计算机产业"无芯"的历史就此终结！

　　站在屏幕前泪水涌动的胡伟武，在计算机上编辑了"龙芯1号"诞生后的第一个文件。他深知，这只是万里长征的一小步，但它预示着我们国家自己的CPU会有美好的未来。

　　"能力就是枪杆子。"这句话浓缩着胡

伟武深深的使命感和对科技自立自强的坚定信仰，也鼓舞着他矢志不渝走在"创芯"之路上。通过20多年自主研发，"龙芯"已完成了CPU性能"补课"，性能直逼市场主流产品。2023年11月底最新研发的芯片3A6000，性能相当于英特尔十代酷睿，意味着我们的国产处理器已达到世界主流水平。

"做不出来，提头来见！"

你听过"玻璃房子"的故事吗？

我国曾斥巨资从美国购买了一台IBM大型机。为了防止我国窃取技术，美方在机房外面建造了一堵玻璃墙。玻璃墙内，中国科学家上机操作；而玻璃墙外，美方专家监控着他们的一举一动。

这是一段被中国超级计算机界频频提起、倍感羞辱的真实过往。

1998年4月，香山科学会议召开，旨在研讨我国高性能计算机发展问题。夏培肃院士、金怡濂院士、周毓麟院士都参加了，胡伟武作为会议秘书参会。

当时，中国的计算机研究在CPU和操作系统两大核心技术上，是全面退出的状态。CPU是买还是造，国内没有达成共识，有人认为，中国造不出自己的芯片，造不如买。

"CPU我们一定要自己做，哪怕做个586（处理器）也得试一下。"金怡濂院士的这句话让胡伟武印象深刻。在当时的市场上，英特尔的产品已经出到奔腾二和奔腾三，586的性能还不到它们的十分之一。

1999年，时任中国科学院计算技术研究所所长的李国杰呼吁，在"十五"期间要做出中国自主的CPU。曾在大学时期积累过芯片设计经验的胡伟武主动请缨，扛起了研发CPU的大旗，义无反顾地立下誓言："做不出来，提头来见！"

这个信誓旦旦的年轻人，从小就是学霸，酷爱学习。由于父亲工作调动，胡伟武经常跟着转学，每到一个学校，那里的第一名就成了他。年轻气盛的他如果哪次考试没有把第二名甩开很多分，心里都会不舒服。

本着对数学和物理的兴趣，少年时期的胡伟武打算高考就填报这两个专业。可是父亲认为这两个专业不好找工作。当时已经读大学的哥哥告诉他，计算机领域很热门，而且是一个和数学、物理都有关系的专业。于是，胡伟武就确定了方向，填报了中国科学技术大学计算机专业，并被录取。

就这样，从未见识过什么叫计算机的胡伟武，和计算机结了缘。他更没有想到的是，十几年后，自己会作为第三代计算机人接过接力棒。

2001年5月，在中国科学院计算技术研究所知识创新工程的支持下，"龙芯"课题组正式成立，并获得100万的资金支持。6月，研究团队迅速扩大至三五十人，大家在一间不及一百平方米的实验室里，开始了在市场化条件下实现自主性的尝试与探索。

时间紧迫，团队只有24小时连轴转，才

能保证一天有几次修改设计的机会。他们将时间精力全部投入到这个任务中，熬通宵几乎成了家常便饭。

好几个早晨，胡伟武六七点钟走进实验室，发现伙伴们前一晚没有回家，靠在椅子上睡着了，手中仍紧握着鼠标。胡伟武内心深处满是感动和心疼，但他能做的只有叫醒每个疲倦的伙伴，询问前一晚的进展，然后鼓励他们继续奋斗下去。因为留给他们的时间不多，研究的任务繁重，一刻都不能耽误。

"龙芯"的乳名叫"狗剩"

"龙芯1号"的物理设计过程，被胡伟武称为"玩命"之旅。然而，那也是一段让他回忆起来为之着迷的奋斗时光。

芯片设计是一门极为复杂的科学，涵盖电路设计、硬件架构、性能优化等众多难点。这个工作需要全身心的投入，解决一个又一个看似不可逾越的技术难题。由于时间紧张，在确定流水线结构时,团队来不及看论文,也来不及做实验,胡伟武和伙伴们靠着过去的知识积累,"摸着石头过河"。

无尽的挑战和责任压得胡伟武筋疲力尽,他甚至在梦里都在为设计而苦恼。梦中,不是这里有问题,就是那里出差错。当被噩梦惊醒时,他一身冷汗,急忙上机核实,发现没有问题后,才长吁一口气。这样的经历,至少有10次。

胡伟武清晰地记得,在最后一次验证处理器功能时,测试组报告了一个微小的错误。经分析发现,对跨时钟域的约束与实际不符,导致最大延迟和布线后分析出来的延迟不一致。当时离项目截止时间只剩两天,重新布线显然来不及了。如果不能在交付方案之前改好,将前功尽弃。

怎么办?胡伟武决定:手工改版图。他立即召开动员会:"不是100分就是0分,没有99分!我们现在肩负着历史使命,我们一定要做出中国第一台不依赖于西方CPU的计算机！"大家听了，热血沸腾，同时也热泪盈眶。

由于长期加班大家已经十分疲惫，为了不出错误，胡伟武要求任何一个小的修改都需要一个人操作，两个人在旁盯着，保证不出差错。奋战了两天两夜，大家终于把1万多个触发器分成了十几条扫描链连出来。

那个凌晨3点的夜晚，空气似乎格外让人清醒。他们完成了交付流片前的所有工作。胡伟武心中默念："就这样了，没有什么可后悔的了。"

"龙芯1号"采用了0.18微米工艺，包含近400万个晶体管，主频最高可达266MHz。虽然性能上仍与当时市场主流产品存在较大差距，但中国人只能依靠进口CPU制造计算机的历史终结了。

胡伟武将做CPU比喻成养孩子。他认为：有的产品像养猪一样，一年就能出栏；有的产品像养牛，养3年就能下地干活；但有的产品像养孩子，得养个30年，才有出息。

"龙芯"就是他的孩子。给孩子取名字也

是有讲究的。龙是中华民族的图腾，取名"龙芯"是因为他希望能不断缩短中国芯片制造与世界最先进水平之间的差距。"龙芯"有个乳名，叫"狗剩"，取自"godson"（天之子）的谐音，也来自中国人"贱名好养"的传统。

如今，"狗剩"1号、2号、3号3个系列的布局已经完成，分别对应大CPU（服务器芯片）、中CPU（桌面和移动芯片）和小CPU（嵌入式芯片）。"龙芯"二字发展成为中国自主CPU的代名词。

对于"狗剩"这个孩子，胡伟武的亲生女儿难免不吃醋。因为忙于研发工作，女儿得不到父亲的陪伴，时常抱怨。但看到父亲一筹莫展闷闷不乐的样子，女儿又会心疼地安慰："爸爸，你做CPU做不过外国也没关系，我长大后接着做。"

年幼的女儿经常听父亲谈论"龙芯"，在她眼里，CPU就是在一张纸上画些方框，然后用线和箭头把这些方块连起来，再上点颜色，写上一些字，最后一烧，烧出一个亮晶晶的小方块。

如今，叫作"龙芯"的小方块，正遍布各地，作为中国自主可控的信息技术，在国家安全和节约型的信息化道路上熠熠发光。

用毛泽东思想武装龙芯

穿中山装、佩戴毛主席像章，是胡伟武独特的标配；"芯芯之火，可以燎原"，是胡伟武常挂在嘴边的一句话。

在他内心深处，蕴藏着对毛泽东的深切崇敬。他常常用毛泽东思想引领教育大家："毛主席所特有的自尊、自立、自强、自主的精神，是民族的灵魂，也应该是课题组的精神支柱，做CPU和毛主席打仗是一个道理。"

在龙芯课题组，挂着"用毛泽东思想武装龙芯"的横幅。胡伟武有时觉得自己像是一个带兵打仗的连长，带着兄弟一起冲锋陷阵，看见一个山头就嗷嗷扑上去——

"共产党曾经依靠小米加步枪，依靠不识

字的广大农民，取得了革命的胜利。而今，在国际信息产业高科技产品的竞争这场没有硝烟的战斗中，我们也要无所畏惧、赶超先进。"

"整体上我们不如国外，但在某一场战役上，我们集中兵力打歼灭战，我们就会占有优势。"

"我们就像红军在井冈山时期一样，敌强我弱。可是星星之火，可以燎原！"

…………

每到一个关头，胡伟武都会结合毛泽东思想激昂澎湃地鼓励大家。没人能想到，他们做"龙芯"如此之快。在一年多一点的时间里，解决了从零到一的问题。胡伟武总结经验：第一是努力，方法正确；第二是求实，从小事做起，从来不做虚的事情。

2003年10月17日凌晨1时10分，胡伟武按下电源开关，计算机显示屏一阵跳动，在启动了一个简单的基本输入输出系统之后，Linux操作系统开始工作，一切都很顺利——"狗剩2号"诞生了！

那年正是毛主席诞辰110周年，他将这款芯片命名为"MZD110"。那天，胡伟武激动地带领大家去天安门广场看升国旗，那是他一直想做的事。随后，他们还去了毛主席纪念堂向毛主席报告这一好消息。

喷薄而出的红日，映衬着鲜艳的五星红旗，也映射着胡伟武赤诚澎湃的中国心。他骄傲、激动、自豪！毛泽东领导中国人民，让国家傲然屹立于世界之林。而今，"龙芯"的研制使中国信息产业立于世界东方的高峰，这是他们担负的使命，也是对伟人精神的传承。

回去的路上，全组人员情不自禁唱起了研制组的"组歌"《创新英雄》："在我心中，曾经有一个梦，要让子孙不再忍受屈辱的痛……用我们热血化作龙芯成功，我们求实拼搏勇做创新英雄……"

胡伟武始终相信，当今的中国社会，每一位中华儿女，都应汲取毛主席的思想精华。面对生活的坎坷，勇往直前，敢于面对任何困难，不屈服于任何敌人。

精忠报国"龙芯人"

小时候被问长大想干什么,胡伟武回答想当科学家、工程师。如今,他心中满是幸福感,因为小时候的目标实现了。

1991年,胡伟武的优异表现为他赢得了保送至中国科学院计算技术研究所攻读博士学位的机会,师从我国计算机事业的奠基人、享有盛誉的中国科学院院士夏培肃。

那年,胡伟武的博士论文是夏培肃院士指导的,对他的要求之高堪称严苛。她不仅在研究的过程中细心指点,更在论文的铸就上倾注了大量心血。一次次地推敲,一遍遍地雕琢,就连初稿都帮他修改了20余次,论文撰写过程长达8个月。

胡伟武在这8个月的不懈奋斗中,不仅磨炼了自己的学术能力,更锤炼了自己的毅力和耐心,最终收获了一篇学术价值极高的论文。"是夏先生手把手地教会了我如何做学问。"谈及夏培肃院士的培养,胡伟武感激不尽。

在中国科学院计算技术研究所攻读博士学位期间，胡伟武有幸参与了一项由夏培肃和冯康领导的重大科研项目。这个项目的影响日益显著，最终荣获了中国科学院的科技进步奖二等奖，这是一项卓越的荣誉。

项目获奖的名额仅有9个，胡伟武因为加入课题组的时间稍晚，只参加了"扫尾"工作，所以在成果完成人中排名第十。夏培肃院士是项目的负责人，按照惯例理应排在第一位。

可是，在报奖的时候，大家意外地发现夏培肃院士将自己的名字从获奖名单中去掉了，让胡伟武的排名上升到了第九位，她将原本属于她的名额，主动让给了胡伟武。她说自己没做具体工作，胡伟武年轻，这个奖对他更有用。

她这种托举人才、言传身教的做法，也浸润到了胡伟武的骨子里。他对自己的学生也是这样。指导论文不要求他们写自己的名字。他认为，做老师就是要给学生提供各种各样的机会，要让学生比自己厉害才行。让学生干活不是为了完成项目，而是为了让他们的能力得到提升,将来有出息。

2005年12月中旬,胡伟武登上了中央电视台《实话实说》节目。他要求摄像师将镜头对准坐在观众席的团队成员。他说:"我们团队这些年轻人平常都很忙,很难回家一次,请把镜头给他们,让他们的家人也能在电视上看到他们。"

夏培肃"先做人再做学问"的思想,影响着胡伟武等一代又一代学生。在"龙芯1号"的物理版图中,每一层金属上都有"夏50"的字样。因为研发那年正好是夏培肃从事计算机事业50周年,因此团队把"龙芯1号"的设计献给了她。

"国家缺什么就做什么",也是夏培肃院士为胡伟武指明的方向。胡伟武博士毕业时,出国风正盛,身边很多同学选择出国深造,或者奔向外企,追逐更加丰厚的薪资和更好的机遇。

夏培肃对胡伟武说,不要只盯着眼前的收入,要怀揣着为我国计算机事业腾飞而努力的雄心壮志。她用坚定的话语强调,科技发展是国家进步的引擎，要有志青年愿意付诸才华和努力，才能将我国的计算机技术推向世界的前沿。

胡伟武成立龙芯中科后，也总有人想从龙芯中科挖人，工资开价高达五倍、十倍。有一次，胡伟武被问愿不愿意去做另一家互联网企业的 CPU 主管，他拒绝后，对方又问："那你有没有同事、学生推荐来？"胡伟武一口回绝："他们也不去，他们也要为自己的国家作贡献。"

在龙芯展厅里挂着胡伟武写的《龙芯誓词》：一腔热血一颗心，精忠报国龙芯人。誓把强国当己任，敢用青春铸忠魂。十年砺刃度清苦，一朝亮剑破敌阵。待到中华腾飞日，且让世界听龙吟。

做一个技术生态体系，建设一个新世界

2023 年 11 月底，龙芯中科发布新一代国产 CPU 龙芯 3A6000。该处理器采用龙芯中科

自主研发的 LoongArch 指令集，无须任何国外授权技术。

换言之，公司在芯片最核心的底层架构上，实现零的突破。新品发布当日，龙芯中科盘中股价暴涨超 8%，市值一路攀升，截至 2023 年 12 月 8 日收盘，已突破 500 亿元大关。

用掌门人胡伟武的话说，历经 20 余年研发，龙芯 3A6000 基本完成了"补课"这一任务，与主流处理器差距基本补齐。

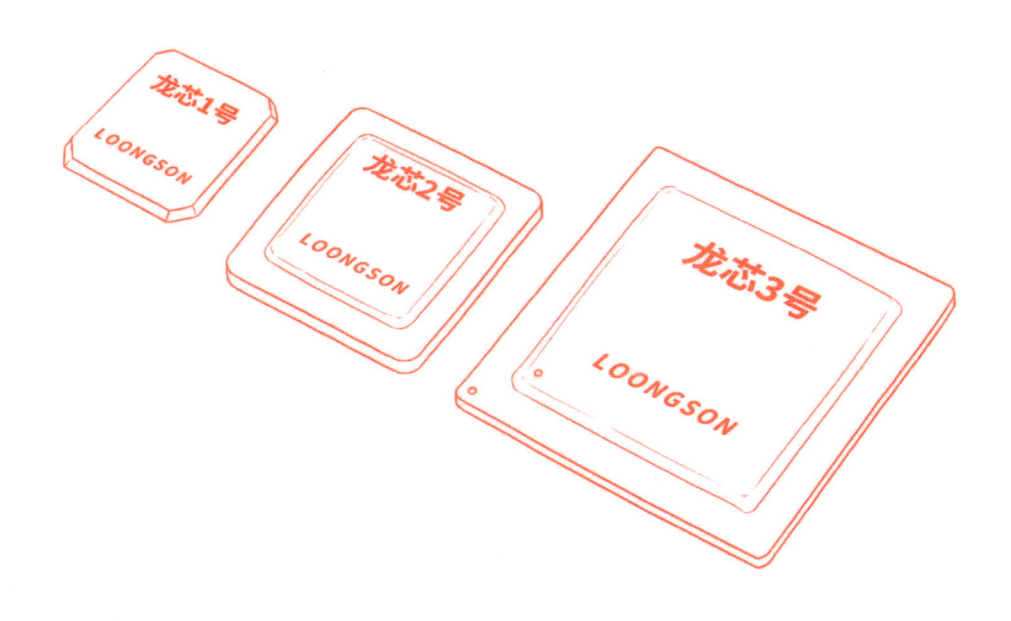

时针拨回至2010年，随着"龙芯"系列芯片研发的不断推进，胡伟武日渐明晰，仅仅依靠研究领域的进展是不够的，必须将企业化运营纳入考量，以获得更多资金的注入。要想使"龙芯"持续发展，不得不走向产业化之路。于是，他做出了创业的决定，他既要继续推动深入的研发，同时也要将"龙芯"引向产业化的大道。

创办企业这条路并不平坦，在资金短缺、人才稀缺、物资有限等问题的重压下，他从未动摇过。他只有一个信念，那就是把事情做到最好，坚持团队自主研发技术，为祖国的科技事业贡献力量。通过团队的不懈努力，"龙芯"的性能逐渐突破，日渐完善的基础软件体系使其逐渐在市场上站稳脚跟。

定义芯片，永远比做芯片难。

胡伟武的心中始终有一个目标，那就是在国外的Wintel（即Intel的CPU+微软的Windows操作系统）体系和AA（即ARM的CPU+Android操作系统）体系之外，建立起第三套体系，用属于中国自身的技术底座来支撑自主的产能发展。他曾说过这样的豪言壮语："中国不缺院士，缺个像英特尔那样的企业。我们这代人的使命，就是要做个技术生态体系。"

用他的话来说："我们不一定要打破一个旧世界，但一定要建设一个新世界。"目前，已有数家整机品牌推出了基于龙芯CPU的台式机、笔记本、一体机与服务器设备，广泛展开批量应用试点。

20年间，"龙芯"逐渐应用于我国电子政务、工业控制等关键领域，曾入选"中国十大科技新闻"，并被写入我国九年制义务教育"科学新课标"教材和普通高等教育"大学计算机基础"教材。胡伟武欣喜地发现，党的二十大报告里提到的10项重大科技成果，有多项成果使用了"龙芯"。

自主创新的信息技术体系和产业生态是实现中华民族伟大复兴中国梦的重要组成部分。2018年，习近平总书记在两院院士大会上指出，实践反复告诉我们，关键核心技术是要不来、买不来、讨不来的。只有把关键核心技术掌握在自己手中，才能从根本上保障国家经济安全、国防安全和其他安全。

胡伟武常常勉励团队成员："攀高峰、啃骨头的事情我们才去干！我们要致力于源头技术的研发，开创真正具有自主知识产权的新技术、新产品，以推动整个信息产业和国民经济的长远发展，这才是我们的终极目标。"

希望更多年轻人"为人民做龙芯"

经过多年的不懈努力，胡伟武的辛勤付出获得了社会的广泛认可。可他对于荣誉看得很轻，他说："荣誉就像银行里的贷款，我不该有这么多，但它非要贷给你，这是要还的。荣誉是一种鞭策，也是一份无比沉甸的责任。"

于胡伟武而言，办企业之外，教授学生是铁打不动的任务。在每周的固定时间，他总要驱车赶往中国科学院大学的玉泉路和怀柔校区，为本科生和硕士生授课。

从教 20 余年，他也发现了计算机教育领域的痛点：中国高校的计算机专业，都在教大学生怎么用计算机，却不是怎么造计算机。

后来，经过他的呼吁，不少高校开始对教材进行改动。在中国科学院大学，本科生和研究生的课程被重新编写，将造计算机的过程呈体系性地表现出来。此外，龙芯电脑也走进了一些中小学。

除了在课堂内传授知识，胡伟武还努力为学生搭建实践操作的平台。他推动并促成了一项重要活动：2017 年，在教育部高等学校计算机类专业教学指导委员会的指导下，首届"龙芯杯"全国大学生计算机系统能力培养大赛正式启动。

"我们提供平台和条件，让学生来做 CPU，看看跑得快还是跑得慢。"这项大赛每年有上百所高校的大三、大四的学生参加。这一举措为热爱计算机的青年才俊提供了一个锻炼技能、展示才华的舞台，同时也为中国未来的科技事业培养了更多的潜力之星。

"人生最关键的一点是明白自己渴望什么,一个人的一生只能专注于一件事。我深感幸运,能够从事我一直以来热切追求的事业。"这正是胡伟武在科技创新道路上的无悔选择,"为人民做龙芯"便是他笃定不移的信念。

当被问及,希望未来人们提到"龙芯"时,有怎样的评价,胡伟武直言:"希望人们提到龙芯、提到我们这帮人的时候,觉得这帮人还是做实事的,说到能做到,就行了。"

铭记先驱功勋,汲取奋进力量。相信在胡伟武的引领下,将有越来越多的年轻人看到科技梦想的可及之处。他的故事启发着年轻人对接国家需求,跨越难关,承担起中国的IT产业赋予的使命。因为有了他这样的先行者,更多年轻人将迎来属于他们和国家的荣耀时刻。

本作品中文简体版权由湖南人民出版社所有。
未经许可，不得翻印。

图书在版编目（CIP）数据

我的中国心：科学家的故事 / 廖慧文，周阳乐编著． —长沙：湖南人民出版社，2025.3
ISBN 978-7-5561-3531-8

Ⅰ．①我… Ⅱ．①廖…②周… Ⅲ．①科学家－生平事迹－中国－现代－青少年读物 Ⅳ．①K826.1-49

中国国家版本馆CIP数据核字（2024）第069981号

我的中国心：科学家的故事
WODE ZHONGGUOXIN: KEXUEJIA DE GUSHI

编　著　者：廖慧文　周阳乐
插画制作：乐读文化
出版统筹：陈　实
责任编辑：陈　实　古湘渝　姚忠林
责任校对：唐水兰
装帧设计：陶迎紫　阿　星

出版发行：湖南人民出版社［http://www.hnppp.com］
地　　址：长沙市营盘东路3号　邮　编：410005　电　话：0731-82683346
印　　刷：长沙超峰印刷有限公司
版　　次：2025年3月第1版　　　　　　　　　印　次：2025年3月第1次印刷
开　　本：787 mm × 1092 mm　1/16　　　　印　张：9
字　　数：100千字
书　　号：ISBN 978-7-5561-3531-8
定　　价：29.80元

营销电话：0731-82683348（如发现印装质量问题请与出版社调换）